はじめに

2015年の相続税大増税以降、相続・終活・事業承継をめぐる相続コンサルタント業務が注[illegible]課税割合がほぼ倍増したことで、こ[illegible]独占市場となっていた相続マーケッ[illegible]セラー等の民間資格者（いわゆる相[illegible]券・不動産業も参入しています。

また、厚生労働省が2023年２月28日に公表した人口動態統計（速報）では、2022年の国内の死亡数は戦後最多の158万2,033人となり、終戦直後の第一次ベビーブーム時に生まれた「団塊の世代」が2025年にすべて75歳を超える「大相続時代」も目前に迫っています。

■ 死亡者数の推移

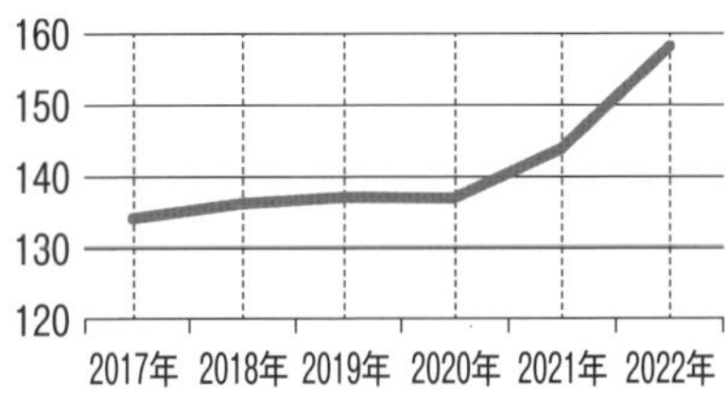

（出典）厚生労働省「人口動態統計」

それに伴い、年々相続コンサルタント（士業を含む）の需要も増し、この本を手に取っている皆さんも相続セミナーや無料相続相談会などを通じて、一般の方の相談に乗ってこられたのではないでしょうか？

その際に、相談者が皆さんの使用する「専門用語」を理解せず、思うように意思の疎通が取れなくて困ったことはありませんか？

例えば、「特別受益」という言葉を、高齢の相談者に向かって「過去に特別受益を行った事実はありますか？」などと聞いても理解不能となることが多いと経験上感じています。

筆者は専門用語を説明する際には、いかにわかりやすく、理解されやすい言葉に変換するかを心掛けてきました。

「特別受益」の場合は、「ほかのお子さんには何もあげていないのに１人だけ、お金を渡したりと、エコひいきしているお子さんはいらっしゃいませんか？」――そうすると、「ああ！ 末っ子の三女にだけはどうも昔から甘くて、ほかの子らには内緒で車を買ってやったり、小遣いを渡したりしているなぁ」と答えが返ってきます。

そうはいっても今まで難解な言葉や概念をそのまま難解に伝えてきた実務家にとって、このような「言い換え」は意外とハードルが高いものです。

相続相談のコツは、

① 専門用語はなるべく使わない。「正しさ」よりは「わかりやすさ」を優先

② 相談者の理解力にあわせた説明を工夫する

③ 相談者の家庭にあわせて事例に落とし込んで説明する

④ 話す速度や声の大きさにも気を配り、相談者が理解しているかを時々確認しながら話を進める

⑤ 図や表や相続関係図を書きながら言葉だけでは伝わらない部分を補足する

といったことが挙げられます。

本書では筆者をはじめ、筆者のビジネスパートナーや相続に強い士業が対策の説明をする上での上手な話し方・伝え方のノウハウを、35の相続ワードを選び、解説しています。

本書が相続の現場で少しでも参考になれば、筆者らも嬉しく思います。

令和５年11月

相続コンサルタント　**一橋　香織**

CONTENTS

専門用語を使わない！

相続ワードの伝え方

一橋　香織／編

笑顔相続サロン®メンバー／著

1 遺留分侵害額請求

相続診断士　寺門美和子

相談者

亡くなった父の前妻との間に生まれた異母兄から「遺留分侵害額請求」というものが届きました。父は遺言書を作成しており、生前「ちゃんと相続対策してるから安心してくれ」と言ってたのに……。確か、遺言書があれば、法律で決められたとおりに財産を分けなくてもよいと聞いたのですが、この請求は何なのでしょうか？

コンサルタント

遺留分侵害額請求とは、被相続人が財産を贈与又は遺贈し、遺留分に相当する財産を受け取れなかった遺留分権利者が、被相続人から遺贈又は贈与を受けた者に対して、自分の権利を侵害された金額の支払を請求することです。これは、相続人全員の最低限の権利と生活を保障するためとなっています。

相談者

聞きなれない言葉が多くてよくわかりません。それに最低限の生活の保障って、父が亡くなって困るのは父と仕事を一緒にしていた、母と私であり、前妻の子供たちはすでに独立していて、何も困りませんよ。うちの場合は、都内の一等地に不動産があるので、その資産が大きくて。家を分けるなんて、できるわけないじゃないですか。

相談者は、遺言があれば遺言どおりに父の財産を分けることができると考えています。その点について質問をしたところ、聞きなれない専門用語を羅列して説明されたため、さらに理解不能となり、やり場のない思いが強い反発となって相続コンサルタントに向けられました。専門用語はかみ砕いて説明しましょう。相談者を納得へ導くには、相談者の事情に沿った解説も必要です。

❶　遺留分侵害額請求とは

「遺留分侵害額請求」を一般の方にわかりやすく説明する際には、「法律で最低限、もらえると約束されている遺産をお金でもらうことです」と、言い換えてみてはどうでしょう。

その上で、相談者の家族関係に落とし込んで、家系図などを用いながら説明すると、より理解が深まります。

(1)　遺留分の仕組み

遺留分の仕組みがわからないと、相談者に説明しても納得へ導くことはできません。言葉で説明するよりも、図表を使用して、相談者の家族関係に落とし込んで説明するのがベストです。

①　遺留分割合

遺留分の割合には、三つのポイントがあります。

(ア)　配偶者・子が相続人の場合は法定相続分の１／２

(イ)　親のみが相続人の場合は法定相続分の１／３

(ウ)　相続人が兄弟姉妹だけの場合には遺留分はなし

相談者の場合は、図表１－１のとおりとなります。

②　遺言書と遺留分の関係

相続人の中には「故人が遺言書を書いていたが、内容に納得がい

■ 図表１－１

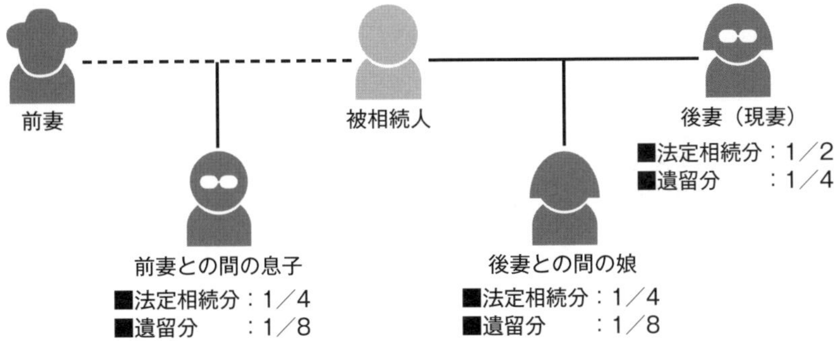

かない」という人もいます。しかし、故人が遺言書を作成する際の気持ちを考えてみると、「特別な理由（離婚・再婚・事実婚・隠し子・愛人・同性愛等）がある自分が死んだときに、守りたい人がいる」ということが推測できるはずです。

そして、その気持ちが優先してしまい、法律的なルールを考えずに遺言書を作成し、かえって残された家族が争うことになってしまうというケースがあります。本事例のような相談者には、まず下記の手順でルールを伝えてみてください。

③　伝え方の手順

(ア)　故人が遺言書を書いた時に、気持ちが優先してしまったであろうこと。

(イ)「遺留分」という、相続人に最低限法律で守られた遺産の持ち分があること。

(ウ)「遺留分」に満たない遺産しかもらえなかった相続人は、その権利を法的に主張することができること。

(エ)「遺留分」を相手に渡すことで、生活資金が大幅に不足してしまうなど、特別な事情がある場合には弁護士に相談してみること。

(2)　専門家が「遺留分」を考える場面

人生100年時代、家族のカタチは多様化し、家族構成・事情もさまざまです。そのような時代背景からしても「遺留分侵害額請求」が登場する機会は増えるのではないでしょうか。その際に、専門家として注意する点は、相談者が「どの立場にいるのか」によって、考え方・伝え方を変えるということです。

①　相談者の立場を考える

専門家としては、相続人の立場ごとに遺留分と向き合う必要があります。

A：相続対策として被相続人が相談者
B：相続手続きとして相続人が相談者

② 遺留分の何に気を付ければよいのか

相談者の立ち位置が変われば、おのずと専門家の視点・アドバイスも変わるでしょう。まずAの場合は、遺言書作成を士業に繋げる前に「遺産分割方法が遺留分を侵害していないか」の確認が必要となります。逆にBの場合には、遺言書によって「遺留分を侵害されていないか」の確認が必要となります。本事例の相談はこのBに当たります。

❷ 遺留分侵害額請求への対応

(1) まずは準備をしっかりとする

いざ「遺留分侵害額請求」について話をする場合にも、相談者の立場によって説明の仕方は変わります。まず、具体的な説明をする前に、下記の準備をしてください。

＊「遺産一覧」を受け取り、確認する。
＊「遺産一覧」に掲載されていない資産がないかヒアリングする。
＊今回の問題点を整理する。

元になる遺産の認識がブレると、遺留分が大きく変わってしまいます。相談者によっては勘違いをしているケースもありますので、すり合わせをすることが重要です。

よくあるケースとして、原則として保険金は遺留分の算定基礎に含まれませんので、注意をしてください。

(2) 相談者の立ち位置によって伝えるべき内容は変わる

相談者の立場が、下記のどこに該当するのかで伝える内容は変わります。

① 【相続前（相続対策）】被相続人が相談者

遺族が遺留分をめぐり「遺留分侵害額請求」をして争わないように対策をする大切さを伝え、遺留分のルールを理解してもらいましょう。特に相続対策として、生命保険の活用をしているケースにおいては、丁寧な説明が必要です。

② 【相続後】「遺留分侵害額請求」をする側の相続人が相談者

本事例のケースでいうと、異母兄側がこれに該当します。

「本来、法律で守られている遺留分が満たされていません。法的にご自身の遺留分を主張することができますが、一度弁護士に相談してみませんか？」と提案をしてみましょう。

③ 【相続後】「遺留分侵害額請求」をされた相続人が相談者

本事例がまさにこれに該当します。

なぜ他の相続人から「遺留分侵害額請求」をされたのか、確認・説明をしてください。その上で、まだ不服がある際は弁護士相談を提案してみましょう。相談をする場合には、下記のようなエビデンスを準備すると話の展開が早くなります。

- 遺言書
- 遺留分侵害額請求通知書
- 相続税申告書（あれば）
- 遺言者死亡の記載のある戸籍

法律で最低限、もらえると約束されている遺産の割合があります。それを難しい言葉で「遺留分」といいます。遺言書があっても、この「遺留分」を侵していると相手から待ったがかかることもあります。
今回がそうですね。相続は、ルールの中で上手くやりくりをすることが大切なのです。難しい用語も多々ありますが、わからないことは専門家に相談をしてください。
自宅を守るには「配偶者居住権」という別の法律もあります。また、生活が苦しいのならば、遺留分を侵害していても、弁護士に交渉してもらうことはできますので、具体的に相談してみるとよいでしょう。

コンサルタント

相談者

ネットで「遺言書があれば大丈夫」という記事を読んで、先方ばかりを疑っていましたが、そうではないのですね。
ありがとうございます。弁護士さんや専門家と相談しながら、今の自分たちができることを素直に相手に伝えて、話合いの場を持ちたいと思います。

◆顧客対応のヒント◆

「遺留分」を知らない相続人は少なくありません。また、相談者の中には「ネットのＱ＆Ａサイトで調べました」と言ってくる人も多くなってきました。ネット上の記事は集客だけを目的にしたものも多く、正確性という点で疑問符が付くこともあります。相続対策・相続手続きは個別に事情が違うことを念頭に置いて、しっかりヒアリングをしてください。
その上で、遺留分を確保するためにはどうしたらよいのか、万が一の場合の「遺留分侵害額請求」についての情報も、相談者の立場に応じて伝えることにより、相談者を守ることができるでしょう。

2　遺言執行者

相続診断士　石塚　安代

相談者

父は80歳で相続のことが気になっているようです。母は数年前に他界し、父は不動産を多く持つ資産家です。

父も心配していると思いますが、私には兄弟姉妹が５人おり、昔から仲が悪いので、父の相続が起こった場合、兄弟姉妹が感情的にならずに話合いができるのかが気がかりです。友人の税理士に父の相続の相談をしたところ、まずは遺言を作成し、執行者を付けたほうがよいと言っています。「執行者」って何をしてくれる方でしょうか。

コンサルタント

お父様が兄弟姉妹の仲の悪さを知っているのであれば遺言を作成し、遺言執行者を付けたほうがよいでしょう。

遺言執行者は遺言の内容に沿って必要な手続きを行う役割を担う人のことをいいます。特に相続人が多い場合や争いが予測されるような場合は遺言を作成し、遺言執行者を選任しておくのがよいと言われています。

相談者

遺言執行者？　なんか刑を執行するみたいな怖い印象ですが、遺言を作成し、遺言執行者を付ければいいのですか？　どのように適任者を見つけるのでしょうか。父に遺言執行者についての説明の仕方やその費用など、また費用はいつから発生するのかも知りたいです。

相談者はそもそも、遺言執行者という言葉の意味や見つけ方から理解できていないようです。父が亡くなった後に遺言の内容を実現するためにどのようなことをやってもらえるのかも理解していません。また、報酬も生前からかかるのではないかと心配しています。

遺言執行者を付けるとしたら、どのような人が相応しいのか、またどのようなことをやってもらえるのかを、言葉の意味とともに順番に説明する必要があります。

❶　遺言執行者とは

(1)　遺言執行者とは？

遺言執行者は、遺言の内容を実現するため、相続財産の管理その他の遺言の執行に必要な一切の行為をする権利義務を有します（民法1012①）。

遺言執行者は条文にあるとおり、遺言内容を執行する権利義務があります。遺言は遺言者が亡くなった時に効力を生じるため、遺言者はその遺言の内容を自ら実現することはできません。

相談者に伝えるときは、簡単に「遺言した人の遺言の内容を確実に実現してくれる人」と言い換えましょう。遺言者の代わりに遺言内容の実現をするのが遺言執行者ということです。

①　遺言執行者になれるのは？

遺言執行者は特別な資格を要せず誰でもなることができます。ただし、未成年者及び破産者はなれません（民法1009）。したがって、制度上は、もちろん相続人や受遺者と同一人物であっても遺言執行者になれます。

②　遺言執行者を決める方法とは？

● 民　　法

（遺言執行者の指定）

第1006条　遺言者は、遺言で、１人又は数人の遺言執行者を指定し、又はその指定を第三者に委託することができる。

２　遺言執行者の指定の委託を受けた者は、遅滞なく、その指定をして、これを相続人に通知しなければならない。（以下略）

遺言によって遺言執行者を決める方法は、遺言で遺言執行者を指定するか、遺言で遺言執行者の指定を第三者に委託し、その者に指定してもらうかの二つがあります。

遺言者が遺言執行者を自分で選んでおきたい場合は、遺言によって遺言執行者又は遺言執行者の決定者を決めておくことになります。

③　遺言執行者の選任

● 民　　法

（遺言執行者の選任） **第1010条**　遺言執行者がないとき、又はなくなったときは、家庭裁判所は、利害関係人の請求によって、これを選任することができる。

遺言で遺言執行者が指定されていなかった場合、利害関係人は家庭裁判所に遺言執行者の選任の請求ができます。利害関係人とは相続人、受遺者（遺言で財産をもらう人）等のことをいいます。特に受遺者に関しては、遺言執行者がいない場合は、必ず相続人と協力して相続手続きをする必要がありますが、遺言内容によっては相続人の協力を得にくい場合があります。その場合には遺言の中で遺言執行者の選任をしておくことが望ましいでしょう。

⑵　遺言執行者を委任する場合、一般の人が不安に思っていることとは？

①　自分の死後のことだから、きちんと実行してくれる人に委任しておきたい。

②　複雑な遺言の内容の場合、遺言執行者に負担がかかるのではないかと考えてしまう。

本事例のケースでは子が５人いて、その５人の仲が最悪な場合、相続人同士で協力して遺言の内容を実行するのが難しい可能性があります。そうなると、たとえ遺言を残したとしても、相続人の１人を遺言執行者に指名すると他の兄弟姉妹からは協力してもらえないかもしれません。このような複雑な相続でも、専門家が遺言執行者になってもらえるのかどうかを心配している人が多いようです。

❷　遺言執行者が行う業務

⑴　遺言執行者の任務の開始

●民　　法

> **（遺言執行者の任務の開始）**
> **第1007条**　（省略）
> 2　遺言執行者は、その任務を開始したときは、遅滞なく、遺言の内容を相続人に通知しなければならない。

⑵　財産目録の作成

●民　　法

> **（相続財産の目録の作成）**
> **第1011条**　遺言執行者は、遅滞なく、相続財産の目録を作成して、相続人に交付しなければならない。（以下略）

実際のところ相続財産目録の作成には、相続開始時点の相続財産の状況を確認しなければならないので、銀行等の預金債権の残高証明書等の取得が必要になる場合があります。

⑶　遺言内容の実現

遺言執行者は遺言の内容に従い、遺言内容の実現に向けて執行をすることになります。

不動産についての記載が遺言にある場合は、その内容に従い登記申請を行います。

預金債権や証券などがある場合は、各金融機関で相続手続きを行い、手続き完了後に場合によっては受遺者、相続人に解約金等の振込を行います。

その他遺言の内容に関するものは、遺言執行者が単独で執行ができ、相続人の関与なしに手続きをすることができます。

❸ 遺言執行を行うために準備するもの

⑴ 遺 言 書

公正証書遺言の場合は、即座に手続きを開始することができます。一方、通常の自筆証書遺言の場合、家庭裁判所の検認手続きが必要となりますが、法務局の保管制度を利用している場合は、公正証書遺言と同様に家庭裁判所の検認手続きを経ずに遺言執行手続きに入ることができます。

⑵ 被相続人の除籍謄本

被相続人の死亡＝遺言の効力が発生した場合、遺言者が亡くなっていることを証する除籍謄本が必要です。

⑶ 遺言執行者の印鑑証明書

遺言執行者の印鑑証明書が必要となります。発行から原則として３か月以内という期限があり（金融機関よっては６か月）、各金融機関で条件が異なります。

⑷ 不動産がある場合

不動産の相続手続きには、登記識別情報（登記済権利証）が必要になります。相続手続きの場合は、登記識別情報（登記済権利証）は必要ありませんが、遺言での登記の場合には必要です。

❹ 遺言執行者がスムーズに職務を行うために何が必要になるか

まず遺言執行者としての問題の解決には専門家とのネットワークづくりが大切になってきます。次に、相続が開始してから相続人と初めて会う場合も多く、相続人とのやり取りにはコミュニケーションスキルが求められます。三つ目は、相続人への連絡や報告をすることになるため、適切な文書作成と記録を行うことが大切です。最後に法的手続きの遵守と適切な処理を行うことが重要となります。

遺言執行者とは、お父様の遺言の内容を実現してくれる人のことです。遺言を作成する場合、この遺言執行者を付けておいたほうがよいでしょう。
特に相続人同士の仲が悪い場合は、争族になる可能性があります。遺言執行者の役割や報酬を、遺言書とは別の契約書に書いておくことも大切です。

コンサルタント

相談者

父の相続では遺言執行者を付けておいたほうがよいことがわかりました。父に代わって、遺言の内容を実現するために手伝ってくれる方ということですね。早速、父に遺言と遺言執行者について話をしてみます。

◆顧客対応のヒント◆

遺言執行者とは、「遺言を作成した人の代わりに遺言の内容を実現してくれる人」と伝えたほうが相談者には伝わりやすいでしょう。どんな仕事をするのかの説明を入れることで、遺言執行者の仕事内容をイメージしてもらうことができ、相談者には伝わりやすくなります。
その点に気を付けて、相談者の理解力に合わせた説明の仕方を心掛けてください。

3 名義預金

相続診断士　昆　充芳

相談者

結婚をしてからずっと専業主婦で、旦那から毎月生活費をもらっていますが、そのお金をへそくりして貯めています。以前友人にそのことを話したとき、「それって問題あるかもしれないよ」と言われたのですが、何が悪いのでしょうか？
毎日の生活の中で切り詰めて、そこそこの金額を貯めました。それって私の努力ですから、もらってもいいと思うのですが。

毎月ご主人から預かっている生活費ですが、残ったお金をもらってもいいのかのご確認でしょうか。
ご本人の同意がないと、ご主人にもしものことがあったとき税務署から「名義預金」として判断される可能性がありますよ。

コンサルタント

相談者

名義預金？　預金の名義がどうかしたのですか？　ちょっと言っている意味がわからないのですが。旦那に確認しないといけないって、それじゃへそくりにならないじゃないですか！

相談者は初めて聞く「名義預金」の言葉の意味がわからず預金の名義がどうしたの？　と困惑している様子。今やっていることは、〈倹約＝自分の努力＝私のお金〉という図式になっているようです。この状態では名義預金の単語の説明だけでは理解できないと思われますので、相続・贈与の話も含めて説明していくことにしましょう。

❶ 名義預金とは

⑴ 名義預金とはどんなイメージをもちますか

一般の方に質問すると、「その人名義の預金」、「通帳の名義がその人名義」といった回答が返ってきます。預金通帳の名義としか認識がないようです。

被相続人の配偶者や子・孫名義の預金が、税務署から被相続人の預金とみなされてしまうケースがあり、この預金のことを「名義預金」といいます。名義預金は相続税や贈与税の対象となり、後から発見されると追徴課税がかかってしまう場合もあります。さて、これがどれだけの問題を抱えているのかを説明していきましょう。

⑵ 名義預金の定義

預金口座の名義人と、実質的な預金者（事実上の所有者）が異なる預金を名義預金といいます。

例えば、祖父母が子や孫の名義で預金したり、収入がないはずの専業主婦が夫から預かる生活費の一部を自分名義の預金口座で管理しているケースなどがこれに当たります。

相続が発生した後で、このような預金口座の全部又は一部が、名義預金とみなされた場合、実質的には被相続人の財産であるとして相続税の対象になる可能性があります。この名義預金は被相続人の財産から漏れやすく、税務調査で指摘される可能性が高いので、注意が必要です。

では、名義預金による申告漏れはどのくらいあるのでしょうか。「名義預金」そのものではありませんが、令和３年における国税庁の公表資料によると、相続税の申告漏れが2,187億円で、そのうち現金・預貯金等が32.2％を占めています（図表３－１参照）。

■ 図表３－１

1　申告漏れ相続財産の金額の推移

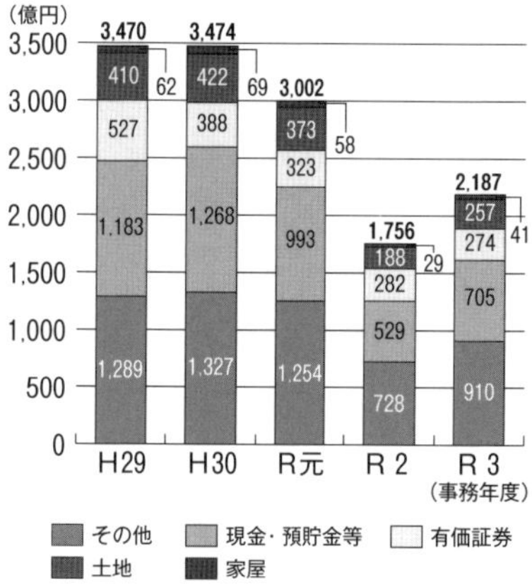

2　申告漏れ相続財産の金額の構成比の推移

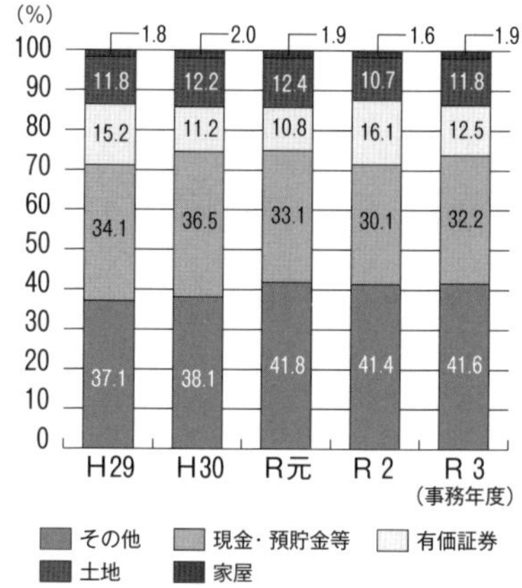

（出典）国税庁「令和３事務年度における相続税の調査等の状況」（令和４年12月）

❷　名義預金と判断されやすい場合

(1)　預金名義人が通帳の存在を知らない

贈与とは、財産を無償で相手方に与える意思を表示し、相手方の受諾によって成立する契約をいいます（民法549）。渡す人が「あげますよ」という意思を表示し、もらう人が「もらいますよ」という意思を表示して初めて成立する契約です。つまり、「あげた・もらった」という両者の認識が合致していたかどうかがポイントであり、「贈与を受けていることを知らなかった」ということは、「もらった」という認識がなかったことになりますので、贈与は成立していないことになります。

相続税の調査時にこのことを調査官に指摘されると、その贈与はなかったものとされ、配偶者や子などの通帳に入っている預金は実質的に被相続人の財産と認定される場合がありますので、注意が必要です。

⑵ 通帳・印鑑を保管している人が預金名義人以外の場合

幼少の孫に贈与しようと考えて預金をしているものの、「今すぐ孫にあげたら金銭感覚がおかしくなってしまうのではないか？」……などと懸念し、口座の通帳やカード・印鑑を渡さずに贈与者本人が自分で管理しているケースもあるようですが、これも名義預金となります。

また、定期預金の満期に伴う書換えや引出しなどの手続きを贈与者が行っていたような場合も、預金の管理を名義人とは別の者が行っていたとして名義預金とみなされます。

⑶ 収入のない配偶者が自分名義での預金

本事例の相談者のように、結婚してから収入のない妻が、夫の収入を上手にやりくりして貯めたへそくりの場合はどうなるのでしょう。

夫が妻に毎月一定額を生活費として渡している家庭で、妻が夫に内緒でその生活費の中から毎月少しずつ妻名義で貯めた預金は、夫側に「あげた」という認識がないので、夫が亡くなった場合は名義預金として相続財産に加算して相続税の計算をする必要があります。

一方、夫が妻に生活費を渡す際に、「やりくりして、余った分は君の自由にしていいよ」と言っていた場合は、贈与が成立していますので、名義預金には該当しません。

⑷ 贈与の証明ができない

口頭の約束で書面に残っていないので、贈与を立証することが難しい場合、贈与したことを法的に明確に残すために、贈与契約書を作成し、非課税枠を超えたら贈与税の申告をしましょう。書類があれば名義預金と認定されるリスクは減ります。

特に注意しておきたいのが、贈与税の非課税枠の範囲内で生前贈与を行っている場合です。その場合、贈与税の申告は必要ないため、「贈与契約書まで作らなくてもよい」と考えてしまいがちです。しかし、贈与契約書も贈与税の申告書もない場合、贈与があったことを証明することができず、名義預金と判断されてしまう可能性があります。少額の贈与であったとしても、贈与契約書を作成することをお勧めしましょう。

❸ 名義預金と判断されないためには

⑴ 贈与された人が通帳・印鑑の管理をする

贈与者が通帳などを管理するのではなく、受贈者に渡すことが大切です。未成年や幼児の場合は、親権者となる親に渡しておきましょう。

この場合に注意すべき点は、親権者がその未成年者に贈与された財産を使ってしまうことです。その場合は、孫への贈与ではなく、親権者への贈与と認定される可能性が出てきますので気を付けましょう。

⑵ 贈与の事実関係がわかるように書面に残す

上記❷⑷で解説したように、少額でも贈与契約書の作成をお勧めします。

⑶ 預金を使っておく

贈与税がかかる場合は、その預金口座から納税しましょう。

また、贈与税がかからない場合でも、預金口座からお金を引き出しておくことが重要です。「もらった」という意思表示が確認できれば贈与が成立していることの立証になるので、払い出した形跡を残しておきましょう。

❹ 名義預金解消方法

⑴ 名義預金は返還して元の状態に戻す

名義預金は、真実の預金者に返還することもできます。しかし、戻したお金が反対に贈与と勘違いされないように、税理士など専門士業に相談してから手続きすることをお勧めしましょう。

(2) 生前贈与を成立させる

贈与契約書の作成で、生前贈与が成立したことを書面で残しましょう。それが不可能であれば、相続発生時の相続財産に含めて計算することにします。

名義預金とは、まさに名義を貸している（借りている）預金ということになりますね。今回のケースもそれに該当する可能性があるので、一度、税理士にご相談されてはどうでしょう。

コンサルタント

相談者

名義預金という言葉はなんとなく理解できました。苦労して貯めても自分の自由にならないってこともあるんですね。一度、税理士の先生にご相談してみようと思います。

◆顧客対応のヒント◆

名義預金は、一般的には預金口座の名義のこととしか認識がないようです。親は子の預金通帳を作ることができますので、預金の原資が親のお金か否か、確認することが重要です。実質的に親の預金と思われる場合、相続発生後の名義預金のリスクについてよく説明しましょう。名義預金とは、その名のとおり「名義を借りている」だけの預金ということになります。

4 配偶者居住権

相続診断士　松原　尚実

相談者

　私たち夫婦には子供がおらず、夫は再婚で、前妻との間に子供がいます。もし夫が亡くなった場合、前妻の子と遺産分けの話をしないといけないと聞きました。
　財産といっても今住んでいる家ぐらいで、貯金も少ないし、私は家を手放すしか方法はないのでしょうか。

コンサルタント

　それでしたら、配偶者居住権を設定する方法があります。夫婦の一方が亡くなり、亡くなった方が所有していた建物に、残された配偶者が居住していた場合、死亡後も終身もしくは一定期間住み続けられる権利です。居住権と所有権を分けて考えます。ご主人に配偶者居住権を設定する旨を記載した遺言書を書いてもらうといいですよ。

相談者

　遺言書が必要なのですか？　居住権と所有権を分けて考える？　よくわからないのですが、配偶者居住権というのを設定すれば、私はそのまま自宅に住めるのですね？　前妻の子供とは会ったこともなく、どう思っているのかわからないので、夫にもしものことがあったらと考えると心配です。

　相談者は、配偶者居住権を設定すれば住み続けられることは理解できましたが、制度そのものがよくわからず困惑しています。また、配偶者居住権を設定する旨を記載した遺言書がなぜ必要なのかも理解できていません。他の相続人との関係が良くないため、遺産分割協議での設定が難しいことも含め、もっとわかりやすく説明する必要があります。

❶　配偶者居住権とは

配偶者居住権とは、わかりやすくいうと、妻（夫）にずっと自宅に住み続けてもらえる権利のことですが、最近創設された制度のため、相談者のように知らない人もいます。まずは、制度を確認してみましょう。

(1)　配偶者居住権とは

配偶者居住権は、令和２年４月施行の民法改正で創設されました。夫婦の一方が亡くなり、被相続人が所有していた建物に法律上の配偶者が居住していた場合、被相続人の死亡後も配偶者が終身もしくは一定期間住み続けられる権利です。居住権と所有権を分けて考え、配偶者が居住権を、その他の相続人が所有権を相続することで、配偶者は預貯金も取得でき、自宅に住み続けながら老後の生活資金も確保することができます。

本事例の相続人が後妻と先妻の子のような場合に、自宅の所有者である被相続人が亡くなると、自宅不動産をめぐって争いになり、後妻の配偶者が住み慣れた家から出ていかなければならないケースが想定されます。このような場合でも、残った配偶者が自宅に住み続ける権利を取得できるのが配偶者居住権です。

(2)　配偶者居住権の種類

配偶者居住権には、短期と長期の２種類があります。

①　配偶者短期居住権

配偶者短期居住権は、被相続人と同居していた配偶者が、亡くなった日から一定期間無条件で自宅に住める権利のことをいいます。この権利は相続開始時に自動的に発生するので、遺言や遺産分割協議によって権利を設定する必要はありません。遺産分割協議が行われる場合には、協議がまとまるか、遺産分割の審判がされるまで建物に住み続けることができます。遺産分割が早期に行われた場合でも、被相続人が亡くなってから６か月間は、自宅に住み続けることができます。

② 配偶者居住権

上記①の「短期」に対し、「長期」に当たるのが配偶者居住権で、被相続人と同居していた配偶者が、場合によっては終身にわたり自宅に住める権利です。終身だけではなく、10年、20年と期間を設定することもできます。短期は手続不要ですが、長期の場合は、亡くなった人の遺言書、遺産分割協議での相続人全員の合意、家庭裁判所の調停又は審判により設定します。

配偶者居住権には登記制度があり、自宅の所有権を相続した相続人が自宅を売却する可能性もあるため、登記をしておけば、第三者の買主に対しても権利を主張できます。配偶者の死亡により、すべての権利が所有権者に移ります。

❷ なぜ居住権と所有権を分けるのか

遺言書がなく相続人の関係性が悪い場合、遺産分割協議で意見が折り合わず、結局、法定相続分で分割することになります。具体例として、自宅不動産3,000万円と預貯金1,000万円のケースで考えてみましょう。

⑴ 配偶者居住権を取得しない場合

現預金が1,000万円しかないので、前妻の子と分けるために自宅不動産を売却しなければなりません。売却した3,000万円と預貯金1,000万円を合わせた4,000万円を2,000万円ずつ均等に分けることになり、現金は手元に残りますが、住む家がなくなって、今後の生活が不安になります。

⑵ 配偶者居住権を取得する場合

配偶者居住権を取得すれば、自宅を居住権と所有権に分けて相続するので、自宅を売却せずにそのまま住み続けることができます。

■ 図表4－1

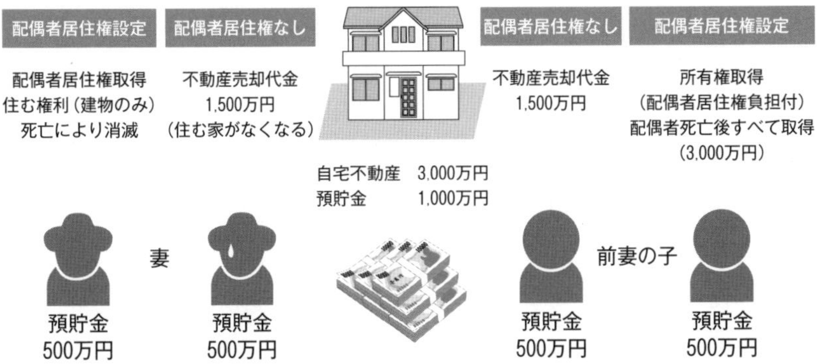

このように配偶者居住権は、自宅の権利を二つに分けることによって配偶者の自宅に住み続ける権利を守りつつ、遺産分割協議を円滑にすることを目的としています。厳密に言えば配偶者居住権は建物に設定される権利で､土地については敷地の利用権になります。

❸　配偶者居住権のメリットとデメリット

配偶者居住権には、自宅に住み続けられるという大きなメリットがありますが、当然ながら、デメリットもあります。

⑴　配偶者居住権を取得するメリットがある場合

①　配偶者と他の相続人の仲が悪い

相続人が配偶者と前妻の子、配偶者と愛人の子、配偶者と被相続人の兄弟姉妹などの場合は遺産分割争いになりがちです。また、配偶者と子が相続人であっても、仲が悪い場合は争いに発展することもあります。

②　自宅不動産以外に相続財産が少ない

夫が亡くなり、相続財産が自宅と少しの預貯金のとき、配偶者が自宅を相続すると、他の相続人に財産はほとんど残らず、この場合も遺産分割争いになりがちです。

③　先祖代々続く家の相続

先祖代々続く家を相続した夫婦に子がいない場合、自宅の土地は代々〇〇家で守りたい、でも配偶者の住まいは確保したい。このような場合に配偶者居住権を使えば、配偶者が生きている間は住む家を確保し、亡くなったあと、自宅不動産は夫の親族が相続し〇〇家で引き継ぐことが可能です。

④　ライフプランの計画がある

残された配偶者が、10年後には介護ケア付きマンションなどに移り住みたいと計画している場合にも配偶者居住権が有効です。期間を10年間に設定すれば、自分のライフプランに合わせて住む権利を確保できます。

⑵　配偶者居住権のデメリット

①　自宅を売却できない

配偶者居住権を設定すると、原則として配偶者が亡くなるまで自宅を売却できなくなります。老人ホームへの入所などの必要が生じても、配偶者居住権は譲渡することができないのです。

②　改築や増築、賃貸できない

自宅の修繕をすることはできますが、改築や増築、第三者へ賃貸をするには、自宅の所有者の承諾が必要になります。所有者との関係が良好な場合は問題ないですが、関係が険悪な場合には、例えばバリアフリー化等の場合にもいちいち所有者の承諾が必要です。

③　ライフプランに影響

リバースモーゲージによって、老後資金を確保しようとしている場合には、所有権のない配偶者居住権は障害になります。

④　配偶者居住権の放棄

配偶者居住権を生前に放棄すると、所有権をもった人に対して贈与税が課税されます。配偶者の死亡による権利消滅の場合には、相続税は課税されませんが、生前放棄による価値移転があった場合には、贈与税が課税されてしまいます。

⑶　配偶者居住権のメリットとデメリットを踏まえて

配偶者居住権を設定した場合、配偶者と所有者の間で、建物の価値を分散して相続する形となり、相続分がバランスよく各相続人に配分されます。配偶者居住権は所有権よりも価値が低いので、配偶者自身が預貯金などを相続しても、遺留分問題のリスクが緩和され、納税資金や生活資金が確保しやすくなります。

相談者にデメリットを伝えた上で、どうすれば相談者の希望に沿えるのかを検討し、今後の対策を提案してください。

それでしたら、配偶者居住権を設定する方法があります。配偶者居住権とは、愛する妻にずっと自宅に住み続けてもらえる権利のことです。居住権と所有権を分けることで、建物の価値を分散して相続する形となり、相続分がバランスよく配分され、自宅以外の預貯金も相続することができます。ご主人に配偶者居住権を設定する旨を記載した遺言書を書いてもらうと、手続きがスムーズに行えますよ。

コンサルタント

相談者

そんな方法があるのですね。自宅を手放さずにこのまま住むことができて、バランスよく分けることもできるのならそうしたいです。

◆顧客対応のヒント◆

相談者は相続に関する知識が浅いことを念頭に置き、残された配偶者が自宅に住み続けることを希望しているのか、相続人の仲が良いのか悪いのかなど、しっかりと聞き取りを行いましょう。さらに、配偶者居住権を設定することのデメリットを伝えた上で、配偶者居住権を設定するのかしないのか、どちらが相談者の希望に沿えるのかを検討してください。

5 相続放棄

上級相続診断士　小笹　美和

相談者

借金を抱えて10年前に蒸発した父が、半年前に亡くなったと、突然債権者から母と私に連絡がありました。借金を残したまま亡くなっていて、その借金を支払えと言われました。母も私も、父とは蒸発後会っていません。そんな状況でも借金を私たちが支払わないといけないんですか？　そんなお金もないし、父には何もしてもらってないのに借金を払えと言われても納得できません！

お父様が残された借金を支払いたくない、ということですね。それですと「相続放棄」という方法があります。相続放棄をすれば、プラスの財産も引き継がない代わりにマイナスの財産も引き継がないことになるので、借金を支払わなくてもよくなります。

コンサルタント

相談者

「相続放棄」。――聞いたことあります。でも、どうしたらいいのかよくわからないです。

どこかで3か月以内にしないといけないって書いてありました。先生、父は半年前に亡くなっています。とっくに期日が過ぎているから、そもそも相続放棄できないのではないですか？

相談者は「相続放棄」という言葉は知っていましたが、内容についてはあまり知識を持っていません。また、期日が過ぎてしまっていることを心配しています。

相続放棄にはデメリットもあるため、内容をよく理解した上で選択をしてもらう必要があります。専門家として、相談者が理解している部分と理解していない部分をヒアリングの中で感じとり、丁寧に説明することが大切です。

❶　相続放棄を正しく伝えるには

相続放棄という言葉を聞いたことはあっても、正しく内容を理解している方ばかりではありません。中には、軽々しく相続放棄をしないほうがよいケースもあります。ここでは、相続放棄についてわかりやすく掘り下げていきます。

(1)　相続放棄とは

●民　　法

> **（相続の放棄の効力）**
> **第939条**　相続の放棄をした者は、その相続に関しては、初めから相続人とならなかったものとみなす。

つまり、最初から相続人ではなかったことになるのが、相続放棄です。相続放棄とは、相続人が被相続人の遺産の相続を放棄することであり、プラスの財産もマイナスの財産も一切相続をしないことです。

①　単純承認と相続放棄

相続の放棄をする相続人は、その旨を被相続人の最後の住所を管轄する家庭裁判所に申述しなければならない（民法938）とされています。相続人であると知った日から３か月以内に相続放棄の申述を選択しなかった場合は、単純承認したとみなされ、プラスの財産もマイナスの財産もすべてを引き継いだこととなります（民法921二、915①）。債務が多い場合には、注意が必要です。

②　相続放棄の申述期限

相続放棄の申述は「３か月以内」という期限があります。被相続人が亡くなった日からではなく、相続人が被相続人の死亡と、自分がその相続人となったことを知った日から３か月以内です。これは本事例の相談者が知らないポイントの一つです。

知った日がいつなのかが重要となるため、例えば、債権者から「あなたはこの人(被相続人)の相続人です」との通知書や役所から死亡連絡などの通知書が届いた場合は、これらの書面が相続放棄時に家庭裁判所への添付書類となるため相談者へ保管を促しましょう。

⑵　実務上、相続放棄を選んだほうがよいケースとは

相続放棄をすべきかどうか迷っている相談者の相談を受けることもあります。相続放棄をすべきかどうかを相続人自身の納得のもとで決めてもらうことが重要です。相続放棄をする理由は制限がありません。実務上よくある理由を紹介します。

①　プラスの財産よりも借金が多い

プラスの財産よりもマイナスの財産である債務が多い場合に、相続をしてしまうと、相続人自身の財産を持ち出して被相続人の債務を支払うことになるため、相続放棄をし、責任を免れることができます。

②　疎遠のため相続したくない、相続財産がわからず不安

筆者が相談を受けたケースで、「借金を作って蒸発していた父が亡くなったと役所から連絡が来た。被相続人に借金があるかどうかもわからない、プラスの財産もあるかわからない状況だが、不安なので相続放棄をしたい」というものがありました。この場合、プラスの財産があったと後からわかっても、いったん相続放棄をしてしまうと、相続放棄を撤回することができず、プラスの財産は受け取れないことを伝えた上で、弁護士に代理してもらい、相続放棄の申述を行いました。

なお、プラスの財産の限度でマイナスの財産を相続する「限定承認」という制度や、熟慮期間の伸長をする方法もあります。

③　特定の相続人に遺産を相続させたい

「相続人の１人に遺産を集中的に相続させたい」という理由で、その他の相続人が相続放棄をするというケースがあります。

例えば、夫が亡くなり、子のいないケースだと夫の兄弟姉妹が相続人となります。相続人の１人である妻に遺産の全部を相続させたい場合に、相続放棄を行うといったケースです。相続放棄を行った兄弟姉妹は初めから相続人でなかったということになるので、後から債務が見つかっても返済義務はありません。

❷　相続放棄で思わぬトラブルに発展することも

相続放棄には、❶でも挙げたように注意点も多く見られます。

次に挙げるケースは、子が親を思って相続放棄を行ったがゆえに、思わぬトラブルに至ったケースです。

被相続人は父、相続人は母と子の２人。相続人である子が母のためを思って相続放棄を行ったため、子は初めから相続人ではなかったということなり､思いがけない人に相続権が移ってしまいました。

このケースでは、直系尊属（祖父・祖母）が亡くなっており、次の順位の父の兄弟姉妹が相続人となりました。そして兄弟姉妹の中に先に亡くなった者がいたため、代襲相続人である甥や姪にまで相続権が渡ってしまい、遺産分割協議が難航して、スムーズに遺産を分けることができなくなってしまいました。

その相続放棄を行うことで、次は誰が相続人になるのかによって、思わぬトラブルに発展するおそれがあります。

次のケースは、遺品整理の際の注意点です。

被相続人が生前に単身賃貸物件で暮らしていた場合、通常は相続人や親族が借りていた部屋の片付けをすることとなります。

ゴミや明らかに価値のないものは処分しても構いませんが、経済的価値のある遺品や家具・家電製品は処分できません。相続放棄をする場合、それらを処分することで単純承認したとみなされるケース（民法921三）や、次に相続人となった人とのトラブルに発展するケースもあります。相続放棄することを検討しているならば、部屋の貸主に「相続放棄をするかもしれないこと」「そのため家具や家電製品をこちらで処分することができないこと」を伝える必要があります。貸主は、相続放棄をした人に対して、部屋に残っている家具や家電製品の処分を請求することはできません。

貸主としては、残置物の搬出をしても、それを原状回復費として相続放棄した相続人に請求することはできないため、通常は、敷金から差し引いたり、被相続人の連帯保証人に請求します。相続人が連帯保証人となっている場合には、たとえ相続放棄をしていても支払義務が生じます。

相談者は相続放棄の後、法律上許容されることとされないことの区別が付きません。専門家としてのアドバイスができるように、準備しておいてください。

❸　わかりやすく言うと、「初めから私、相続人じゃなかった」

本事例の相談者のケースは、債権者からの連絡で長年会っていない父親の死を知りました。債権者からの連絡を受けた日を知った日とすれば、まだ３か月以内のため相続放棄の申述を行うことができます。これによって相談者は「初めから私、相続人じゃなかった」ということなるため、借金の返済義務を免れることができます。ただ、現在の状況では、父親の相続財産の「何が」「どこに」あるかわからないため、３か月以内にすべての財産を把握しきれない可能性が高いでしょう。仮にプラスの財産が相続放棄後に出てきても、もはや受け取る権利がないことを伝える必要があります（限定承認や熟慮期間の伸長をすることも選択肢です)。

また、重ねて注意しなければならないことは、相談者だけでなく母も相続放棄の申述をすべきということです。相談者が相続放棄を行うと相談者は初めから相続人ではなかったことになるため、母と父の親族が相続人となります。この場合、相談者と母は、父の借金を支払いたくないとの思いが強いため、２人で相続放棄を提案することが相談者の安心に繋がるでしょう。

「相続放棄」をするとあなたは最初から相続人ではなかったということになります。相続放棄を行うことで債権者に「私、相続人じゃないから支払わない」と宣言することができるのです。お母様と一緒に相続放棄をしたほうがよいので、相談をしてください。

また、心配をされている「3か月以内」という期日は、死亡を知った日からとなるため、債権者から連絡があった日を「知った日」として手続きを行ってみましょう。

コンサルタント

相談者

安心しました。半年前に亡くなったため相続放棄はできないと思い込んでいたので。「相続を知った日」なんですね！母にも相談をして2人で相続放棄をしたいと思います。

◆顧客対応のヒント◆

債権者から連絡があると、相談者は支払わなければならないと不安になるはずです。その不安を感じ取った上で、専門用語を使わずわかりやすく説明し、安心してもらうことが重要です。相談者にとって専門家への依頼は敷居が高く感じるかもしれません。手続きを行う上で各士業の役割を相談者に伝え、理解をしてもらうことも必要です。亡くなった後の手続きを、専門家としてしっかり把握しておきましょう。

6 代襲相続人

相続診断士　稲場　晃美

相談者

私の夫は10年前に亡くなったのですが、夫との間に子供が2人おり、母子3人で仲良く暮らしています。夫が亡くなった後に夫の家族とは疎遠になってしまっていたのですが、この春に義父が亡くなったと義母を通じて連絡を受けました。義母が話すところによると、私の子供も義父の代襲相続人に当たると言われたのですが、どういうことなのでしょうか？

10年前に亡くなったご主人のお父様が、この度お亡くなりになられたのですね。そういたしますと、確かにお客様のお子様は「代襲相続人」と言いまして、本来であれば、ご主人が受け取るはずの遺産を受け取る権利がお子様にあるということになります。

コンサルタント

相談者

そうですか……。何かもらえるのは嬉しいんですけど、夫が亡くなった時に義母といろいろありまして、それっきりになっていたので、もう、正直あの家とは関わり合いになりたくないと思っています。子供たちは何かしなくちゃいけないのですか？

死別等が原因で義実家との関係が疎遠になってしまうと、「もう自分とあの家は関係がまったくなくなる」と勘違いしがちです。すっかり過去のことだと忘れ去られていた感情を思い出すことも。代襲相続においては家族間のコミュニケーションがうまくいかないことをきっかけにトラブルに発展することも多いので丁寧に相談者の声をヒアリングし、同時に用語の説明もしていきましょう。

❶　代襲相続人とは

(1)　代襲相続の発生要因

代襲相続とは、被相続人よりも先に相続人となるべき人が死亡していた場合や、相続欠格・相続廃除等により相続権を失った場合に、その人の子が代わりに被相続人の財産を相続することをいいます。

代襲相続が発生する原因や誰が代襲相続人に該当するのか、実際に家系図等を書きながら、わかりやすく伝える工夫について考えてみましょう。

①　相続開始前に相続人が死亡している

代襲相続の最も典型的なパターンは、本事例にあるような「親より先に子が亡くなっている場合」です。例えば、本来であれば、長男は相続人となりますが、すでに亡くなっているため、長男の代わりに子Ａと子Ｂが相続することを「代襲相続」といい、この子Ａと子Ｂ、２人のことを「代襲相続人」と呼びます。

■ 図表６－１　孫が代襲相続人になるケース

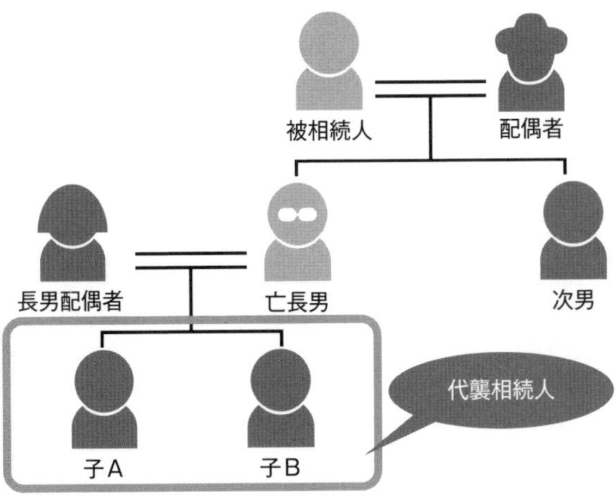

②　相続廃除された人がいる場合

生前の手続きや遺言によって、被相続人は相続権を奪うことができます（民法892〜893）。

⑺　虐待をした。

⑴　激しい重大な侮辱を加えた。

⑼　その他の著しい非行があった。

このような場合において、被相続人の子が相続廃除されていれば、相続の権利は次世代である孫（子Ａ、子Ｂ）に代襲相続されます。

■ 図表６－２　長男が相続廃除されたケース

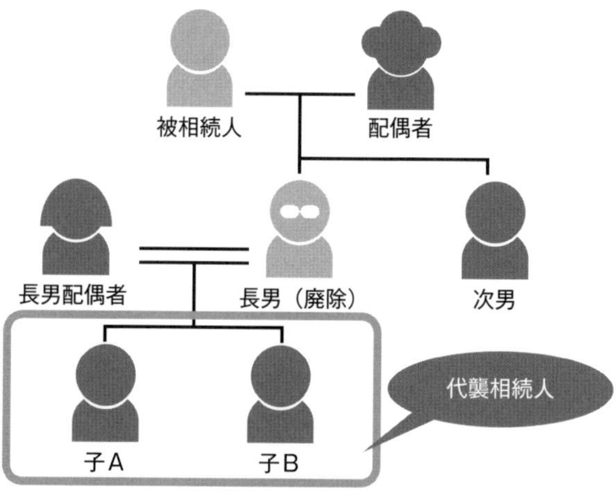

③　相続欠格に該当する場合

相続欠格に該当する場合は大きく分けて、被相続人の死亡に関わるものと、遺言に関わるものの２種類があります（民法891）。

⑺　被相続人や相続人を殺害又は殺害しようとして刑に処せられたり、殺害されたことを知りながら告訴や告発をしなかった者

⑴　遺言書の破棄や隠ぺい偽造を行った者。詐欺や脅迫によって被相続人に遺言書を書かせたり、変更や撤回をさせたり、又は

それらの妨害をした者

このような事由に該当すると相続欠格となりますが、被相続人の子が相続欠格者となった場合でも代襲相続は発生します。

⑵　代襲相続人になる人

代襲相続は、被相続人の子及び兄弟姉妹のみに認められたもので、これらの人が相続放棄以外の理由で相続権を失った場合に、その子や孫が相続分を代わりに相続するものです。

(注)　被相続人の子が相続放棄をした場合には、代襲相続は起こりません。

■ 図表6－3

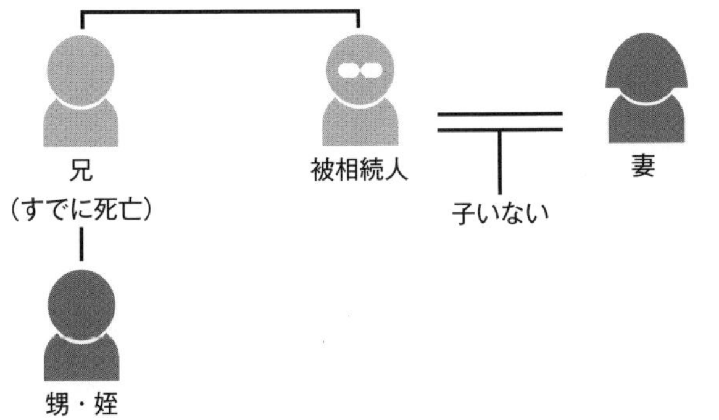

※兄が受け取るはずのものを甥・姪が取得する。

❷　代襲相続はトラブルになりやすい

代襲相続がトラブルになりやすい原因の一つが、どのような場合に代襲相続が起こるのか理解できていないことです。ある日突然電話なり手紙で「自分の子供が、とっくに縁を切ったつもりでいる義父の相続人になった」などと知らされても、ピンとこないでしょう。さらに追い打ちをかけるように、「○月○日までにこの遺産分割協議書にハンコを押して返送してほしい」などという書類が送られてきても、困惑を深めるばかりです。

特に、相続財産に不動産が含まれる場合は、遺産分割協議書がないと相続登記を行うことができないことから、代襲相続人に強引な対応を迫ってくることもあるでしょう。昨今、家族や親戚の人間関係が希薄となり、「お一人さま」も増えていることから、自分が知らない間に相続人になっているケースも増えてくると予測されます。

家系図等を作成して家族の歴史を紐解くことで、人間関係再構築のきっかけとしたり、代襲相続が起こる可能性に相談者自ら気づいてもらえるようなアドバイスができれば、顧客との信頼関係もさらに深まるものと考えます。

❸ 簡単に言うと、「代わりにもらう」

代襲相続人とは、簡単に言えば、「本来相続財産を受け取るはずだった人が受け取る前に亡くなってしまったので、その子が代わりに受け取る」ということを表します。

人生100年時代とも呼ばれる高齢化の中で、働き盛りの年代が突然命を失うようなことが起こると、本事例のように親より先に子が亡くなることで、孫に代襲相続が発生します。

一般的に、代襲相続で受け取る財産が現預金だけであれば問題は起こりにくいのですが、仮に自宅を配偶者が相続し、現預金があまりないケースだと遺産分割においてどのように分けるかで意見が分かれる可能性も高いでしょう。亡くなった人の想いが子へ伝わらないばかりに争族に発展するケースは多くみられます。

今回は、あまり気が進まないかもしれませんが、一度お子様たちと一緒にご主人の実家へお線香でもあげに行かれてはいかがでしょうか？　相続財産がどのくらいあるのかは、お義母様に伺ってみないとわからないことも多いので、コミュニケーションを図る意味合いにおいても、一度歩み寄られることをお勧めいたします。

コンサルタント

相談者

自分的には納得できない点もありますが、義母とうまく話合いがついたら、もしかしたら子供たちが少し財産を分けてもらえるかもしれないですから、喧嘩したら損ですものね！

◆顧客対応のヒント◆

代襲相続は祖父母の世代から孫世代へ発生するものですので、とかく上の世代からの意見が強くなりがちです。相続財産に自宅が含まれている場合は特に要注意です。ちょっとしたボタンのかけ違いから争族に発展しかねません。相談者に寄り添いながらも、相手の感情に流されすぎない対応力が必要です。

7 相続登記

司法書士・上級相続診断士　徳武　聡子

相談者

実家のことで相談にのってください。
15年前に父が死亡し、私と母は父方の祖父が建てた家に住んでいます。先日、市役所で、家の名義変更が義務だと言われたのですが、よくわからなくて……。
家があったら、何かしなければいけないのでしょうか？

コンサルタント

登記名義人は誰でしょう。所有者がお祖父様であれ、お父様であれ、相続登記をする必要がありますね。ああ、相続登記というのは通称で、正式には相続に基づく所有権移転登記のことです。
最近、相続登記をしない方も増えているので、法律で義務化されるんですよ。ギリギリ間に合いましたね。

相談者

あの、先生。私が何か手続きしなければいけないことはわかりました。その家の手続きは、どこで、どのように進めればいいのでしょうか？　ギリギリ間に合ったということですが、父が死亡してから15年も経っているのは、問題ないのですか。

相続財産に不動産がある場合、いわゆる「相続登記」をする必要があるのは、相続に携わる専門家では共通の認識です。しかし、一般人である相談者は相続登記という手続きがあることや、必要性については理解していません。市役所で何か指摘され神経質になっているのに、説明もなく、手続きを進めようとする姿勢に、相談者は困惑するばかりです。

❶　相続登記とは

⑴　簡単にいえば「相続による土地や建物の名義変更」

①　登記という不動産の登録制度

我が国では、不動産登記制度が整備されており、ある不動産について、誰がどのような権利を有しているか、その権利はどのような内容か、法務局の「登記簿」に登録されています。この登記簿の登記情報に変更があったときは、登録し直さなくてはなりません。特に、権利保持者を示す登記名義の変更は重要です。

この不動産登記手続きは、相談者に伝える際には、「土地や建物の名義変更をする」というと、わかりやすいでしょう。

②　人が死亡したときの登記手続き

相続登記は、所有者が死亡した場合に行われます。

遺言があったり、誰が引き継ぐかを相続人全員で遺産分割協議をしたりして、不動産の新しい所有者（承継者）が確定すれば、その承継者への名義変更、すなわち相続登記を行います。

この他にも、遺言や死因贈与契約により、相続人でない者に不動産を引き継ぐ場合も、同様に名義変更を行います。

⑵　放置されがちな相続登記

①　相続登記がされない実態

相談者のように、相続登記をしないまま10年以上が経過している事例は、珍しくありません。

平成29年の国土交通省による調査では、調査対象土地の約20％で登記簿から所有者が判明しませんでした。日本全土に引き直したところ「九州より広い土地が所有者不明」と報道されました。

所有者不明土地のうち66.7％で相続登記がされないまま長期間が経過したため、土地の所有者が誰かわからなくなったということでした。特に、地方部や、農地、林地についてその傾向が顕著です。

■ 図表７－１　所有者不明土地の解消に向けた民事基本法制の見直し

課　題

・相続登記がされないこと等により、所有者不明土地（※）が発生

※　所有者不明土地とは…

①不動産登記簿により所有者が直ちに判明しない土地

②所有者が判明しても、その所在が不明で連絡が付かない土地

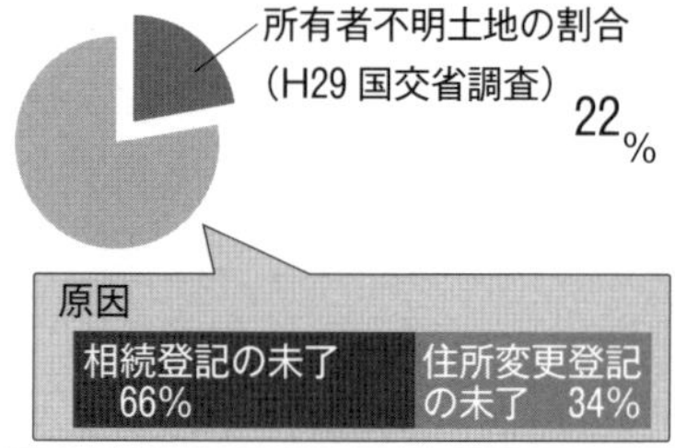

＜背　景＞

◯相続登記の申請は義務ではなく、申請しなくても不利益を被ることは少ない

◯都市部への人口移動や人口減少・高齢化の進展等により、地方を中心に、土地の所有意識が希薄化・土地を利用したいというニーズも低下

◯遺産分割をしないまま相続が繰り返されると、土地共有者がねずみ算式に増加

（出典）　国土交通省「令和３年民法･不動産登記法改正、相続土地国庫帰属法のポイント」１頁より

これまでは、相続登記に法的な義務はありませんでした。そのため、違法ではない、費用がかかる、手続きが面倒、不動産に価値がない、等の理由で、相続登記が放置されがちになっていました。

②　相続登記しない場合のデメリット

令和６年４月１日から、相続登記は「被相続人の不動産について相続人として権利があることを知ってから３年以内に行わなければならない」という法的義務が課せられることとなりました。正当な理由なく放置すれば、過料という金銭罰の対象になります。

しかし、このような法的義務がなくても、相続登記をしなければ、将来的にさまざまな困難に直面しかねません。

例えば、被相続人の名義のままでは不動産を売却できません。相続登記を放置する間に、他の相続人が行方不明になったり、死亡し

■ 図表7－2　平成28年度地籍調査における土地所有者等※1に関する調査

（平成28年度に一筆地調査を実施した地区を対象に調査）

	地帯別※2の調査結果【( )内の数字は調査対象筆数に対する割合、〔 〕内の数字は登記簿のみで所在不明に対する割合】				
	全体	都市部(DID)	宅地	農地	林地
調査対象筆数	622,608	79,783	98,775	200,617	243,433
① 登記簿上で所在確認	497,549 (79.9%)	68,203 (85.5%)	81,610 (82.6%)	166,648 (83.1%)	181,088 (74.4%)
② 登記簿のみでは所在不明	125,059 (20.1%)	11,580 (14.5%)	17,165 (17.4%)	33,969 (16.9%)	62,345 (25.6%)
要因 ②－1所有権移転の未登記（相続）	83,371 〔66.7%〕	5,152 〔44.5%〕	10,399 〔60.6%〕	24,375 〔71.8%〕	43,445 〔69.7%〕
②－2所有権移転の未登記（売買・交換等）	1,192 〔1.0%〕	30 〔0.3%〕	198 〔1.2%〕	786 〔2.3%〕	178 〔0.3%〕
②－3住所変更の未登記	40,496 〔32.4%〕	6,398 〔55.3%〕	6,568 〔38.3%〕	8,808 〔25.9%〕	18,722 〔30.0%〕
③ 最終的に所在不明	2,526 (0.41%)	304 (0.38%)	134 (0.14%)	689 (0.34%)	1,399 (0.57%)
参考：筆界未定	10,140 (1.6%)	2,014 (2.5%)	1,438 (1.5%)	2,264 (1.1%)	4,424 (1.8%)

※1　土地の所有者その他の利害関係人又はこれらの者の代理人

※2　1調査地区には、様々な地帯（DID、宅地、農地、林地）が含まれるため、地区内で最も割合の多い地帯で区分

（出典）　国土交通省「所有者不明土地の実態把握の状況について」２頁

ていたり、認知症で成年後見手続きが必要となったりと、相続登記をするのに余分な手間も時間もかかります。場合によっては、子や孫の世代に負担をかけることになります。

また、遺産分割協議で承継者を決めても、相続登記をしないと、不動産は公式には相続人全員の共有状態のままです。他の相続人が借金などで差押えを受けたとしても、相続登記がなければ、承継者は自分が真の所有者であると権利を主張できません。

❷　相続登記をするには

相続登記は、不動産の承継者が決まった後、必要な書類を揃えて、不動産の所在地を管轄する法務局に申請します。相続人本人でも手続きできますが、専門家では司法書士が取り扱っています。

⑴　相続登記の必要書類

ここでは、代表的な遺産分割協議を取り上げます。

①　戸　　籍

被相続人と相続人全員の相続関係を確認できる戸籍類と、相続人の現在戸籍です。相続登記が長期間されていない場合、相続関係が複雑になり、収集すべき戸籍も多くなります。

②　遺産分割協議書、印鑑証明書

遺産分割の内容を記した覚書です。相続人全員が実印を押印し、印鑑証明書を添付します。

③　被相続人の住民票除票

被相続人と、登記簿に登録されている所有者情報が同一人物であることを確認するためのものです。

④　不動産を承継する方の住民票

新所有者として登録される相続人の住所・氏名を確認します。

⑤　権利証（登記済証、登記識別情報）

原則として不要です。

⑵　司法書士に依頼したほうがよい場合

司法書士へ依頼すると費用がかかるため、相続登記の手続きを相続人本人が行う場合もあります。

しかし、不動産登記に精通していないと、私道や近隣共有地など一部の不動産が相続登記から漏れる可能性があります。なるべく司法書士に依頼することをお勧めしますが、特に、以下のような事情がある場合には、特段の対応が必要となります。

- 所有者死亡後に長期間経過し、死亡した法定相続人がいる
- 被相続人や相続人に、外国籍の方がいる（一時的に外国籍だった場合を含む）
- 遺言があり、その内容が曖昧である
- 戦災や保管期間経過により、必要な戸籍が取れない
- 相続人の中に認知症の方がいる
- 不動産が点在している

お祖父様が建てた家にお住まいなのですね。法務局に登録されている不動産の名義を確認したことはありますか？　所有者が亡くなった場合は、相続登記という不動産の名義変更が必要です。新築で家を購入した際も購入者の名義にしますね。それと似たようなものです。ただ、相続の場合は、それをしないまま何年も経過している事例も少なくありません。まず、誰の名前になっているか名義を確認することをお勧めします。相続登記を依頼できる司法書士もご紹介しますよ。時間が経っていても大丈夫です。

コンサルタント

相談者

そうなんですね！　少しホッとしました。手続きのことは何もわからないので、市役所で指摘されたのが、とても不安だったんです。名義を確認したら、今後の進め方について、また相談させてください。何から何までありがとうございます！

◆顧客対応のヒント◆

まずは、相続登記とは「相続で発生した土地や建物の名義変更」と言い換えることで、相談者のわからない専門用語への抵抗をなくしましょう。次に、相続登記について、どのような制度なのか簡単に説明します。その上で、長期間相続登記がされていない依頼者の状況を「よくあること」と肯定し、依頼者が抱える不安を軽くしています。この対応が、信頼される専門家として、次の相談や依頼に繋がっていきます。

8 小規模宅地等の特例

上級相続診断士　小林　幸生

相談者

　私の家族は、老人ホームに入所している夫（84歳・要介護3）と、同じ市内で持ち家に暮らす長男（52歳）、隣町に賃貸マンションに暮らす次男（50歳）、他県に賃貸マンションで暮らす長女（47歳）です。そして私（79歳）は夫名義の一戸建てに暮らしています。先日、終活セミナーで「小規模宅地等の特例」の話を聞いたのですが、何を話されているのかまったくわかららず……。その小規模宅地等の特例って何の話でしょうか？

　「小規模宅地等の特例」についてのご質問ですね。小規模宅地等の特例とは、故人が所有していた自宅の土地を、配偶者等が相続した場合、土地の評価額を８割引にしてくれる特例のことです。

コンサルタント

相談者

　「小規模宅地」って言葉が難しいいし、何より、私でも使えるのですか？　全然理解できないです。あと、主人は老人ホームに入所していますが、どうなるのでしょうか？

　小規模宅地等の特例は、一定要件を満たせば相続時の土地の価格を大きく引き下げることができる特例です。相談者は「小規模宅地」の言葉が難しく、要件についても理解ができず、頭の中で整理がつかない様子。以下では小規模宅地等の特例の要件と合わせて、相談者は何を疑問に思っているのか、本当に知りたい情報は何かを解説します。

❶　小規模宅地等の特例とは？

「小規模宅地等」とは「自宅の土地」又は「貸し付けている土地」が対象となります。そして「特例」は、配偶者等がそのまま住むのなら、それに大きな税金を掛けると生活が困難になるから、土地の相続税評価額を８割引にしてくれる制度、ということです（以下、「小規模宅地等の特例」は、特定居住用宅地等に係る小規模宅地等の特例を指します）。

❷　大まかな要件は？

⑴　「故人が住んでいた土地」

本特例は、自宅として使用していた土地に使うことができますので、別荘に使用している土地や、子に貸している土地等には適用されません。大前提となるのは「故人が住んでいた土地」に使うことができるということです。

⑵　「小規模」＝330㎡（100坪）

特例の名称となっている「小規模」とは「330㎡＝100坪」までで、解釈としては一般的な一戸建ての土地面積と考えて差し支えありません。

ちなみに、「330㎡を超えたら『一切』適用されないのか？」という疑問が生じがちですが、330㎡を超える部分は通常の評価額になります。

⑶　相続人の要件

本特例は相続する人によって、使える人と使えない人がいます。それゆえ、本特例を適用する場合は、誰が相続するのかに注意してください。

なお、本特例を使える相続人は、以下の３人です。

① 配偶者

夫が先に亡くなった場合の妻、妻が先に亡くなった場合の夫です。配偶者が自宅を相続した場合、特に要件なくこの特例が使えます。相続後すぐに売却してもよいし、生前に同居していなくても構いません。

② 故人と同居していた親族

相続が発生したとき、故人と同居していた親族が自宅を相続した場合に、この特例が使えます。そしてここが配偶者とは大きく違う要件ですが、故人と同居していた親族が相続した場合は、相続税の申告期限までそこに居住しなければなりません。相続したからといってすぐに引っ越す、処分することができないことに注意が必要です。

③ 家なき子（別居親族）

「家なき子」とは、故人と「別居」していて、３年以上「借家」に暮らしている親族です。この持ち家を持たない子の特例を「家なき子特例」といいます。そして家なき子特例を使う場合の要件は、配偶者及び同居している親族がいないことです。

⑷ 相続税の申告が必要

小規模宅地等の特例を適用する場合は、必ず相続税の申告が必要です。よくある勘違いの例として、本特例を適用した場合、相続人全員の相続税が０円になることが明らかなので申告しなかったケースが挙げられます。本特例を適用する場合は、たとえ相続税が０円になるとしても、必ず相続税の申告が必要です。

❸ 相談者及び相談者の家族は小規模宅地等の特例を使えるのか？

⑴ 要件の確認

仮に夫が先に亡くなることを想定して上記❷⑴〜⑷を当てはめて

みましょう。

まず❷(1)の「故人が住んでいた土地」ですが、夫は現在老人ホームに入所しているので、ここではいったん保留にします。

次に❷(2)については、330㎡までであれば使うことができます。

つづいて❷(3)については、配偶者が相続する場合、本特例は使えます。配偶者以外の親族は同居していませんので、「今のところ」使うことはできません。そして、家なき子特例については、そもそも配偶者がいるので使えません。したがって、現段階では配偶者のみが本特例を使うことができます。

そして最後に❷(4)については相続税の申告をすればよいので、特に問題になることはありません。

(2) 老人ホームに入所していても小規模宅地等の特例が使える要件

ここで、上記❷(1)の要件に関して、夫が老人ホームに入所している場合、「故人が住んでいた土地」に当たらないのではないか、という問題について解説します。

原則的には、故人が現在使っているのは老人ホームであり、自宅は空き家とみなされて本特例が使えないところ、平成25年度税制改正により、一定の要件を満たせば老人ホームに入所した後の自宅にも本特例が適用できるようになりました。

> ① 前提条件
> ＊故人が要介護認定又は要支援認定を受けていたこと。
> ＊自宅を賃貸していないこと。
>
> ② 配偶者が相続する場合
> ＊特に要件はなし。
>
> ③ 同居の親族が相続する場合
> ＊相続開始から相続税の申告期限までそこに住んでいること。

＊その宅地を相続税の申告期限まで保有していること。

④　家なき子（別居親族）が相続する場合

＊故人と相続人が日本国籍を有していること（相続人が国内に住所がなくても日本国籍を有していればよい）。

＊故人に配偶者及び同居の親族がいないこと。

＊相続人やその配偶者が相続開始前3年以内に、自己（その配偶者）の所有する建物に居住したことがないこと。

以上が要件ですが、前述のとおり配偶者のみが本特例を使えるので、配偶者に絞って要件を確認します。

＊夫が要介護認定又は要支援認定を受けているか否か？

➡夫は要介護3に認定されている。

＊自宅を賃貸していないこと。

➡配偶者が住んでいるため賃貸はしていない。

＊配偶者が相続する場合、特に要件はない。

したがって、相談者は本特例を使えます。

❹　大切なことは何か？

ここまで相談者に係る小規模宅地等の特例の要件について解説してきましたが、ここで大切なことを確認します。本件は税法が絡んでくるため、税理士以外の専門家は客観的判断に留め、個別的判断は「必ず」税理士に任せることを忘れてはなりません。

そして配偶者からの小規模宅地等の特例の相談であれば、同時に「配偶者の税額軽減」についても説明すべきです。なぜなら小規模宅地等の特例が節税の話であれば、相続税の配偶者控除も大きな節税になり得るからです。このように相続相談は広い視野をもって相談に応じる必要があり、一つの事案に答えるのではなく、まずは全体把握、現状把握に努めることが大切です。

小規模宅地等の特例は、故人が使っていた自宅の土地を、配偶者等が相続した場合、土地の評価額を8割引にしてくれる特例です。相続する人によって要件はさまざま、また老人ホームに入所している自宅はさらに要件があるので、丁寧な確認が必要です。

また、本特例についての個別的判断は、税理士に「必ず」確認しなければなりません。

コンサルタント

相談者

主人からの相続だと、「今のところ」私しかこの特例は使えないことがわかりました。また、家族が使う場合の要件もわかりましたので、夫の相続をより考えやすくなりました。

◆顧客対応のヒント◆

小規模宅地等の特例は、相談者にとって用語としても難しいのですが、要件も複雑で難解な特例です。相談者の理解を得るためには、誰が使えて、どのような要件か、相談者の家族に当てはめて客観的に説明し、個別的判断については税理士に相談が必要であることを伝えると、相談者の納得を得ることにつながります。

9 推定相続人・法定相続人

上級相続診断士　稲葉壮一朗

相談者

医師から半年の余命宣告を受けました。相続について知り合いの税理士に相談をしたところ、その税理士は「まずは相続人を確定させて、財産がどのくらいあるのかを明確にする必要がある」と言います。
私には妻と子供が２人いますが、私の相続人はどうやって確定させたらいいのか教えてください。

コンサルタント

ご自身の相続人が誰になるかについてお知りになりたいわけですね。推定相続人となる方がどなたに当たるのかは、戸籍を調べてみるといいと思います。何かお手伝いができるかもしれないので、まずは、家族関係についてお聞かせいただけますか？　その方たちは、あなた自身が亡くなった場合に推定相続人ではなく法定相続人と名称が変わります。

相談者

推定相続人というのは私が死んだら法定相続人になる？……ちょっと仰っている意味がわかりません。私の戸籍を調べれば、相続人がわかると聞いたのですが。体調もよくないので、推定相続人と法定相続人は何が違うのかできるだけ簡単に教えてください。このままでは、相続人が誰なのか確認する前に私が死んでしまいます。

余命半年と言われ、専門家を訪ねた相談者は専門家の説明がわかりにくく、体調もよくないこともありイライラしています。まず、体調が思わしくない相談者に対しては、身体の状態にも配慮した対応をすることが大切です。
本人に向かって「亡くなる」などの言葉も不適切といえるでしょう。言葉選びも慎重に、わかりやすい説明を心掛けてください。

❶　推定相続人・法定相続人を簡単に説明すると

このケースで説明する場合は、「現在のあなたのご家族は、今後、相続人となる可能性がある方、という意味で『推定相続人』といいます。あなた自身に万が一のことがあった後は、推定から言い方が変わり『法定相続人』となりますが、名称が変わっても、意味はほぼ同じと考えていいですよ」、あるいは、「相続が発生していない時点での相続人は、あくまで推定（予測）なので『推定相続人』といいます」と言い換えましょう。

その上で、相談者の体調に配慮しながら家族構成をヒアリングし、相続関係図を用いて説明するとわかりやすくなります。

(1)　推定相続人の定義

「推定相続人」とは、被相続人の死亡までに何事もなければ、そのまま相続人になる人のことです。相続が開始されるよりも前、つまり被相続人が亡くなる前の段階で、被相続人が亡くなったと仮定した場合に、相続人になることが予想される人のことを指します。推定相続人の順位は、通常の相続人の順位と変わりありません。配偶者は常に推定相続人となり、子は第１順位、直系尊属が第２順位、兄弟姉妹が第３順位となります。

図表９－１のような図を用い、説明すると、言葉で説明するより理解しやすいのではないでしょうか。

●推定相続人とならないもの

相続欠格に当たる場合や廃除の審判が確定している場合は、推定相続人とはなりません（➡ **34**を参照）。

ただ、これらの説明を今回の相談者にする必要はありません。相談内容によって必要性がある場合のみ説明するとよいでしょう。

■ 図表9－1

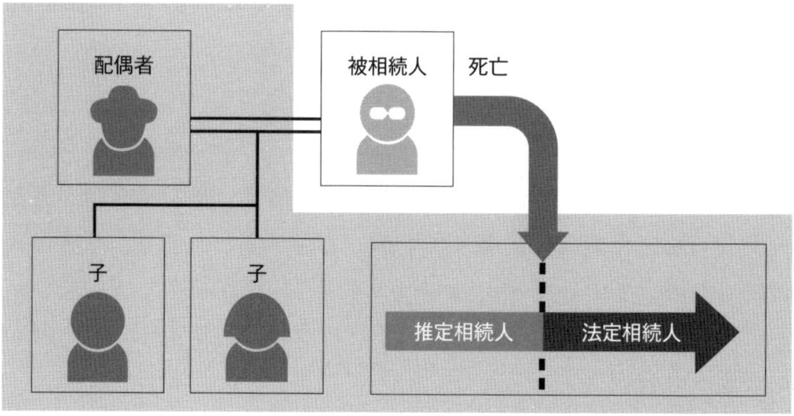

⑵ 推定相続人の確定方法

戸籍謄本を集めれば、推定相続人を確定できます。

戸籍をとることができるのは相談者本人ですが、本人が体調不良や多忙で取得が難しければ、委任状で第三者（家族・友人知人や相続コンサルタント等も可能）に委任することもできます。

相談者本人の本籍地の市町村役場で戸籍謄本を取得し、本籍地が変更されていた場合は、従前の戸籍謄本も請求する必要があります。

結婚等で本籍を移転している場合が多いので、最終の本籍地が出生の本籍地でない場合は遡って取得し、誰が相続人となるかを確定するためにこの作業が必要であることを説明しましょう。

❷ 法定相続人とは

推定相続人と法定相続人は、ほぼ同じことを指しています。推定相続人が、相続時に「廃除」「欠格事由」に該当しなければ、そのまま法定相続人になります。

(1) 法定相続人の定義

民法上、「法定相続人」に関しては、下記のように規定されています。

● 民　法

（子及びその代襲者等の相続権）

第887条　被相続人の子は、相続人となる。

2　被相続人の子が、相続の開始以前に死亡したとき、又は第891条の規定に該当し、若しくは廃除によって、その相続権を失ったときは、その者の子がこれを代襲して相続人となる。ただし、被相続人の直系卑属でない者は、この限りでない。

3　前項の規定は、代襲者が、相続の開始以前に死亡し、又は第891条の規定に該当し、若しくは廃除によって、その代襲相続権を失った場合について準用する。

（直系尊属及び兄弟姉妹の相続権）

第889条　次に掲げる者は、第887条の規定により相続人となるべき者がない場合には、次に掲げる順序の順位に従って相続人となる。

一　被相続人の直系尊属。ただし、親等の異なる者の間では、その近い者を先にする。

二　被相続人の兄弟姉妹

2　第887条第２項の規定は、前項第２号の場合について準用する。

（配偶者の相続権）

第890条　被相続人の配偶者は、常に相続人となる。この場合において、第887条又は前条の規定により相続人となるべき者があるときは、その者と同順位とする。

⑵　法定相続人の範囲

第１位	亡くなった人の子や孫
第２位	亡くなった人の両親
第３位	亡くなった人の兄弟姉妹又は兄弟姉妹の子や孫
※	配偶者は常に相続人となる。

相談者の家族関係に落とし込んで図解で説明していくと、わかりやすいでしょう。

この時に、推定相続人と法定相続人はほぼ同じということも相談者の家族関係に落とし込めば同時に理解が進むはずです。

■ 図表９－２

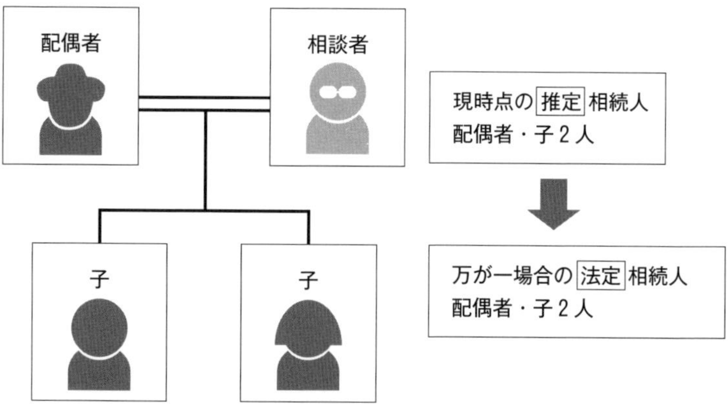

お身体のほうは大丈夫ですか？　なるべく手短に図解でお話しますが、万が一、体調が悪い場合は仰ってください。休み休みお話しますね。
この図表９－２をご覧ください。簡単に説明すると、よほどのことがない限りお客様のご家庭の推定相続人と法定相続人は奥様とお子様２人になります。あなたが生まれてから現在までの戸籍を調べれば確定できます。戸籍収集は委任状をいただければ私のほうでお手伝いできますよ。

コンサルタント

相談者

なんだ、そんな簡単なことなんですね。
私の推定相続人は妻と子供たちで、私が亡くなった場合の法定相続人も妻と子供たちと聞いて安心しました。
ぜひ、戸籍をとるのを手伝ってください。

◆顧客対応のヒント◆

本事例では、相談者が余命宣告を受けているというケースのため体調に配慮し、「亡くなる」「死亡」等の言葉を極力使わないことが大切です。その上で、図表を用いて相談者の家族関係に落とし込み、言葉で伝える部分を可能な限り図表で説明することで、相談者の負担も軽減でき、わかりやすく伝えられるでしょう。これは高齢者にも応用できる方法です。

10 自筆証書遺言・公正証書遺言

上級相続診断士　栗原　久人

相談者

最近、親友のお父さんが亡くなったのですが、親族間で大変なことになっていると聞きました。どうやら相続財産の分け方について、きょうだいで揉め事になっているみたいです。「遺言があれば良かったのに」と、親友は嘆いていました。自分自身も遺言を書いておこうと思い始めましたが、どのように書いたらよいかよくわからないので、教えてほしいです。

はい。遺族の揉め事を極力減らすために、遺言を書いておくことは重要です。遺言にはいくつかの種類があるのですが、主に使われるのが、自筆証書遺言と公正証書遺言です。文字どおり自筆で書くか公正証書にするかの違いなのですが、後々の揉め事を極力減らすという意味では、公正証書遺言のほうが良いと思います。

コンサルタント

相談者

遺言というのは、ただ単純に自分の考えたことを便箋に書いて封筒に入れておくだけではないのですか？　種類もあるのですね。自分に合っている遺言はどんな書き方なのでしょうか？　お勧めの公正証書遺言とはどのようなものなのでしょうか？　自筆証書遺言と公正証書遺言の違いと選び方がよくわからないです。

相談者は、親友の相続の状況から遺言の必要性を感じ、自身の遺言を準備しようとしています。ただ、どのような方法で作成したらよいか？　遺言には何を書くのか？　ルールは？……など、わからないことが多く戸惑っています。まずは遺言を書く理由や相続財産・家族関係等必要事項を確認し、遺言の種類と特徴を伝え、自身の希望に沿った遺言の選択肢を示します。

❶　遺言のイメージ

(1)　遺言のイメージと重要性とのギャップ

一般的に遺言というとネガティブなイメージを持つ人が多いようです。遺言の話になると「自分にはまだ早い」とか「縁起が悪い」という反応が返ってきます。自身が亡くなった後のことを考えるのは、まだ先でよいという気持ちの表れです。

また、「うちは財産が少ないから揉めないよ」「きょうだい仲良しだから大丈夫」などと、争い事は他人事で、自身の家族に限ってそんなことにはならない、といった反応が返ってきます。

遺言がなかったために、遺産分割の際、相続人同士の争いになってしまい、争いは泥沼へという事例も数多くあります。その時に「遺言さえあれば」と後悔してもどうすることもできません。

遺言は相続の揉め事を起こさないために欠かせないツールの一つなのに、明らかに、現実とイメージにギャップが生じています。なぜこのようなギャップが生まれているのでしょうか。

①　相続のことは亡くなる直前に考えたい

誰しも、自身が死ぬことは考えたくはないはず。自身の相続のことなど「縁起が悪い」ので考えたくないという気持ちと、今は元気だし、平均寿命までまだまだ年数があるから大丈夫と思っている、又はそう思いたいという気持ちがあるのでしょう。

それでは「亡くなる直前」とはいつでしょうか？　この質問一つで、相談者の本気度は上がるはずです。

②　揉め事は他人事。うちに限ってそんなことはない

自身の相続で揉め事は起こらない、揉め事は他人事だと考えている相談者は「そもそも揉め事はお金持ちの話で自身には関係ない」「家族は仲良しだから、揉めることはない」という楽観的な観測を持っています。このような楽観視が現実とのギャップを生み、遺言

を書くタイミングを逃しているのです。過去の事例等で、遺産が少ない場合や、仲良しでも揉める時は揉めるという事実を示すことで、気持ちに変化が生じるでしょう。

(2) 遺言になじみがない

一般的に、遺言というと便箋に自身で書いて白い封筒に入れてどこかにしまっておくという、いわゆる、自筆証書遺言をイメージする人が多く、公正証書遺言については存在そのものを知らない人が多いのも事実です。したがって、まずは選択肢として自筆証書遺言と公正証書遺言があるということを伝え、そこから理解を深める必要があります。

一般の人の理解を深めるためには、わかりやすく伝えることが大事です。例えば遺言を「いごん」ではなく、あえて「ゆいごん」と読んだり、自筆証書遺言は自分で書くもの、公正証書遺言は公証役場で公証人と相談しながら作るもので、公証人は元裁判官などが務めており、法律の専門家であること、作成段階から保管まで、一連で法律的にお任せできるので、後々揉めることも少ないので安心……など、専門用語を極力使わずに伝えると理解が深まるはずです。

一般的になじみのない遺言ですが、円満な相続には不可欠という認識を持ち、相談者の気持ちが遺言を書く方向に進んだら、次に自筆証書遺言と公正証書遺言の特徴を伝えていきます。

❷ 自筆証書遺言と公正証書遺言の特徴

(1) 自筆証書遺言のメリットとデメリット

自筆証書遺言のメリットとデメリットを図表10－1にまとめます。

自筆証書遺言だとしても、法的な根拠や表現の仕方など有効性を高めるためには、専門家のアドバイスを受けることが推奨されることを付け加えて説明します。

■ 図表10－1　自筆証書遺言

メリット	デメリット
・**簡易に作成可能** 　自身の手書きなので、思い立ったらすぐに作成可能。 ・**費用が節約できる** 　作成料や公証人の費用が不要で費用は節約できる。 ・**秘密にできる** 　法務局での保管制度を使わない限り、自身で秘密裏に作成し密かに保管できる。	・**無効になるリスクあり** 　書き方や訂正の仕方などに必要な要件があり、それを満たす必要がある。 ・**誤解や争いのリスクあり** 　表現が曖昧で誤解されるなど、揉め事の火種を作ることもある。 ・**法的なアドバイス不在** 　法的なアドバイスなしで作成することで、結果的に揉め事を作ってしまうこともある。

(2)　公正証書遺言のメリットとデメリット

次に、公正証書遺言のメリットとデメリットを示します。

■ 図表10－2　公正証書遺言

メリット	デメリット
・**法的に有効** 　公証人の署名捺印を含む公的な文書なので、法的に有効となる可能性が高い。 ・**紛失や改ざんのリスクが低い** 　公証役場で保管されるので、紛失や改ざんのリスクが低いため安心。 ・**解釈の誤解や紛争リスクが低い** 　公証人が遺言者とのコミュニケーションにより、意図を把握し正確に文書化してくれるため安心。	・**費用が発生する** 　専門家や公証人に支払う費用が発生。 ・**手続きに時間がかかる** 　公証人と擦り合わせの時間や予約の関係ですぐに作成できない場合がある。 ・**プライバシーの公開** 　公証人や証人の立会いにより個人的なことをこれらの人々に知られることになる。

公正証書遺言については、公証役場に出向いたり字を書くことが困難な人は、公証人が出張してくれることや、署名の代筆をしてくれる場合があることを伝えると安心してくれます。

❸ 自筆証書遺言か公正証書遺言かどちらを選ぶ？

自筆証書遺言と公正証書遺言のどちらを選ぶかは、それぞれの特徴を踏まえ、個人の状況やニーズによっての選択となります。

中でも、公正証書遺言を必要とする主な要素は次のとおりです。

・遺言書の信頼性が重要な場合

遺言書の有効性や信頼性を重視する場合、特に遺言書の内容に争いや揉め事のリスクがある場合は公正証書遺言の法的な証拠力が重要となる。

・複雑な家族構成や相続関係がある場合

例えば、前妻との間に子供がいる、非嫡出子や養子縁組の問題があるなど、複雑な家族構成や相続関係の場合

・多額の財産や資産を持っている場合

遺産が多額であり、複数の相続人や財産分割の問題が生じる可能性がある場合

・相続争いの可能性が高い場合

特定の相続人に多くの遺産相続を行うなど、遺産分割に関して家族や関係者間での揉め事が予想される場合

・特定の遺産処理の希望がある場合

遺贈寄付等、特定の財産や遺産の処理に関して具体的な希望がある場合

・揉め事のリスクも高いが、緊急性も高い場合

自筆証書遺言は簡易で手軽に作成可能。一方、公正証書遺言は時間がかかる。揉め事のリスクも高いがタイムリミットが迫っているという場合、公正証書遺言作成を至急始めるとともに、緊急性を考えて、まずは自筆証書遺言を作成するという方法も考えられる。

上記の要素と、ここまでヒアリングした財産状況や遺産分割への想いを踏まえ、どのような遺言が自身にとって良いのかを相談者に判断してもらいます。

遺言を残す目的を振り返り、自筆証書遺言と公正証書遺言のメリット・デメリットを把握することで、自ずと答えは出てきます。

一般的には、ここまで話が進んでくると、費用はかかっても公正証書遺言のほうが安心ですね、と公正証書遺言を選択する人が多数を占めるのも事実です。

「遺言書」が、スムーズな相続手続きを行うために重要な役割を果たすことを理解いただけたと思います。また、自筆証書遺言と公正証書遺言の特徴もお話ししたとおりです。遺言作成の目的がスムーズな相続の実現にあるとすれば、比較すると公正証書遺言のほうが、安心感があるということもご理解いただけましたでしょうか？

コンサルタント

相談者

そうですね。よくわかりました。争いや揉め事のない相続を実現するために遺言書が必要であり、中でも公正証書遺言が、よりその力を発揮するのだと理解できました。費用がかかっても、公正証書遺言で準備するのがベストですね。

◆顧客対応のヒント◆

一般的に、遺言の重要性を理解している人は意外と少ないのが実状です。また、遺言というと自筆証書遺言というイメージで公正証書遺言の存在自体を知らない人が多いのも現実。その前提で、遺言の重要性を相談者と共有することから始めましょう。

重要性の共有ができたら、相談者自ら選択できるように、自筆証書遺言と公正証書遺言の特徴をわかりやすく説明する。この順序が大切です。

11 筆界と境界

土地家屋調査士・相続診断士　山田　一博

相談者

父親から相続した実家を売却しようとしたのですが、土地の境界を確定した書類が見当たりません。そこで境界を確認しようと隣地所有者の方に境界の立会いを求めたのですが、私が思っていた位置とかなり相違していました。「公図」の「筆界」と合わないと境界が決められないとか。難しくてよく私にはわかりません。だいたい「筆界」ってなんですか？

ある土地が不動産登記法の規定に基づいて登記されることによって地番が付され、この地番に従って、１筆ごとに区画されている他の土地との境を「公法上の境界」といいます。明治期に創設され、その後分筆、合筆、表題登記等、境界確定訴訟により創設されるものを実務上「筆界」といいます。一方「私法上の境界」とは、主として所有権等の私権の範囲を意味します。

コンサルタント

相談者

私は生まれた時からこの実家に住んでいますが、境界はまったく変わってません。お隣との境界にはブロック塀もあり、お互い揉めることもなくずっと暮らしてきました。公図と形が違うとか、筆界と言われてもよくわかりません。もしかしたら私たち親子は他人の土地に住んでいたかもしれないのですか？　本当に正しい位置はどこかを明らかにしたいだけなんです。

相談者は、「筆界」と「境界」という言葉の意味が理解できていません。また、売却を考えているため隣家と揉めないように、現状で暮らしてきた位置で境界を決めてしまいたいと考えているようです。どこが問題なのかを考える余裕がないようにも思われます。さらに、生前に親子間での話もなく不安に感じています。専門的な判断が必要なため理解できない様子で、その根拠と具体的な手続きの方法を説明することが大切であると考えます。

❶ 筆界とは？

境界	・公法上の境界＝筆界（不動産登記法123） ・私法上の境界＝所有権界、占有界、その他

一般的に、土地の境界は、私有地と私有地、もしくは公共用地と私有地の境目のことです。さまざまな法律により境界（きょうかい）、経界（けいかい）、筆界（ひっかい）という用語が使用されていますが「公法上の境界」と「私法上の境界」の二つの考え方に分かれています。

(1) 「公法上の境界」とは

「公法上の境界」は、土地の登記に基づいて定められた境界のことで、筆界とも呼ばれます。筆界の法律的な定義は、不動産登記法123条１号にあります。筆界とは、「表題登記がある一筆の土地（以下単に「一筆の土地」という。）とこれに隣接する他の土地（表題登記がない土地を含む。以下同じ。）との間において、当該一筆の土地が登記された時にその境を構成するものとされた二以上の点及びこれらを結ぶ直線をいう。」と定められています。つまり、筆界とは、登記された土地と隣接する土地の間の境界線を構成する点と線のことです。

特徴を端的にまとめると、以下のようになります。

- 土地の境界を示す線で、明治時代の地租改正によって確定し、登記されたもの。
- 土地の所有者どうしの協議では変更できず、裁判官が裁判で確定させることができる。
- 原則として所有権界と一致しているべきだが、一致しない場合もある。
- 地積測量図や境界標で確認することができる。
- 分筆登記等で新しい線が引かれることがある。

⑵　私法上の境界とは

「私法上の境界」は、土地の所有者が自由に処分できる範囲を示す境界のことで、所有権界とも呼ばれます。 私法上の境界は、土地所有者どうしの協議や利用実態によって変動することがあります。私法上の境界は、現地に設置されたブロック塀や境界標等で表示されるのが一般的です。

特徴を端的にまとめると、以下のようになります。

- 土地と土地、又は土地と道路との境を示す線で、実際の土地には必ずしも示されていない。
- 建物や塀等を建築する際には、一定の距離を保たなければならない場合がある。
- 地域によっては、慣習に従って距離を縮めることができる場合がある。
- 隣接地の所有者と協議して変更することができる場合がある。

⑶　それぞれの境界の特徴

「公法上の境界」とは、土地に番号が付いて登記された時にその境となる線をいうもので、筆界とも呼ばれます。

「私法上の境界」とは、土地所有者どうしの所有権と所有権がぶつかり合うところをいうもので、所有権界とも呼ばれます。

「公法上の境界」と「私法上の境界」は本来一致するはずですが、何かの原因で不一致になることがあります。その場合は、境界トラブルが発生しているといえます。

「公法上の境界」と「私法上の境界」の特徴をまとめると、以下のようになります。

「公法上の境界」は不動産登記法によって存在する不動の線であり、目に見えないものです。地図や公図などを手がかりに探す必要があります。

「私法上の境界」は民法による所有権の概念内に存在し、目に見えるものです。垣根や塀等を設置して現地に表示しています。

❷ 筆界の確認

土地の筆界を調べる方法としては、法務局で保管されている公図や地積測量図を確認することが一般的です。また、これらの資料を見ることで、土地の境界の位置や形状を知ることができます。ただし、古い資料や不正確な資料もあるため、必ずしも現況と一致するとは限りません。

⑴ 土地家屋調査士に依頼する

土地家屋調査士は、土地の筆界を扱う専門家です。土地家屋調査士に依頼することで、現況に基づいた正確な土地の境界を測定してもらうことができます。また、登記申請手続き等も代理で行ってくれるため、一貫したサービスを受けることができます。どの方法で土地の境界を調べるかは、目的や予算によって異なりますが、一般的には土地家屋調査士に依頼するのが最も確実で安心です。

⑵ 筆界の根拠

土地の筆界とは、明治時代の地租改正によって確定し、登記された土地の境界のことです。地租改正の際、一般的に「公図」と呼ばれる「土地台帳附属地図」に線が引かれ、これを筆界としました。それ以降も大きな土地を分けたときなどに新しい線が引かれることになりますが、これも同様に筆界と呼びます。

また、大きな土地を分けたときなどに新しい線が引かれることとは、土地の分筆や合筆の登記の際に、土地の境界を示す線を新たに引くことです。分筆とは、一筆の土地を複数の筆に分けることで、合筆とは、複数の筆の土地を一筆にまとめることです。分筆や合筆の登記には、地積測量図が必要で、この図面上に新しい境界線が引かれます。この境界線が新しい筆界となります。

(3) 根拠を知ることが大切

自分の土地の境界が、どのような手続きにより筆界として創設されたのか根拠を知ることが大切です。土地や建物の登記記録や登記簿、地図、地積測量図等の閲覧や謄本の交付を受けることで、登記上の筆界（境界）を確認することができます。また、土地家屋調査

プラス1

エンディングノートは縁ディングノート

エンディングノートは、いかにも亡くなることを前提に書くものというイメージがあります。

実際、エンディングノートの書き方セミナーを開催すると、参加者から「なんか縁起が悪そうなネーミングよね」といった声が聞かれます。そこで、筆者はこのような前振りをしてからセミナーを開催するように工夫をしてきました。

「エンディングノートのエンを漢字の縁に変えてみましょう。これは家族の縁が続くためのノートという意味もあるんです。そして、みなさんの家族の縁が続くために、一人で寂しく書くのではなく、ぜひご家族でワイワイ話しながら書いてみましょう」

「家族でって、子供や孫ともってことですか？」

「そうです。私は小学校で『縁ディングノートの書き方講座』をしたことがあります。ぜひ、お孫さんに名前の由来や生まれた日のこと、どんなご先祖様がいて何をしていた人なのか、など話してあげてください。あるいは、お子さんやお孫さんに残してあげたい家庭の味のレシピなんかも書くといいですね」

「あら、それはいいわね。なんだか、エンディングノートのイメージが変わったわ。あ、違うわね、縁ディングノートね」

説明時のワンポイントアドバイス

① 用語を置き換えることで、言葉の持つイメージを変えてみる。
② 楽しく取り掛かれるような雰囲気作りも大切。

（一橋香織）

士に現地を調査、測量することにより境界標識や現地構造物の確認を行い、現況図面や仮求積図を作成し、登記簿の面積や地積測量図等の図面との比較によって本来の土地の筆界がどの位置にあるのかを知り、隣地との土地の筆界に関して検討することができます。

簡単に言うと、昔から住んでいて、ご両親からも土地の境界のことは何も聞かされていないので、現地で見たことや聞いたことしかわからないのだと思います。明治時代に地租改正等があり、その時に土地の筆界が決まっていたり、その後の法律により新たに筆界が創設されたり、分筆登記等でも土地の筆界が決まっている場合がありますので、その根拠を知ることによって現在の土地の状況を踏まえてお隣さんと確認することが大切です。

コンサルタント

相談者

安心しました。さっそく、土地家屋調査士さんに依頼をして、法務局等で調査をしてもらいます。現地測量することによって本来の境界（筆界）の位置が明確になり、境界標識も設置すれば、お隣さんと揉めることなく確認ができるのですね。

◆顧客対応のヒント◆

土地の境界線に関しては、隣地との交渉事になることが多いので、なかなか積極的になされる場合が少ないと思われます。また、もともとの筆界が創設された根拠を知っている人はほぼいないので、現場の形状や用法を優先して考えがちです。まず法務局等の調査が必須となりますので、権利証や登記簿等で土地の地番がわかるものを確認してください。筆界の専門家である土地家屋調査士に調査を依頼することが解決の早道だと考えます。

現地では、過去の資料や図面を探すことから始めてください。また、隣地や道路との境目付近に境界標識があるのかないのかも調べておくことは大切です。隣地のブロック塀や木塀等も、どちらが作ったものなのかなどもわかれば、境界の確認はしやすくなります。杭を残して、悔いを残さず！

12 代償分割

相続診断士　松本　啓佑

相談者

　夫が亡くなって、遺産分割をしなくてはなりません。自宅と預金があって子供は２人ですが、夫は生前に長男に全部継いでほしいと言っていました。長男もそのつもりで家も持っていません。ただ、次男は全部長男が継ぐことに最近違和感を持っているみたいです。これから子供の大学などの教育資金がかかって大変になるみたいで。

コンサルタント

　それですと「代償分割」というやり方はいかがでしょう。長男さんが遺産を全部相続して、その代わりに次男さんに代償金を渡すやり方です。そうするとご主人の想いも叶いますし、長男さんも思われていたとおりになりますよ。次男さんがどの程度の違和感を持っているか確認が必要です。

相談者

　代償分割？　ちょっと言葉が難しくて私よくわからないのですが。長男が全部相続して、その後でまた次男に何かしてあげるってことですか？

　相談者が「わからない用語」を聞くと、その後の話が耳に入らなくなるというのが、相談の現場です。代償という言葉、分割という言葉、それぞれの意味はわかっても、「代償分割」と並ぶと、相談者が日常で聞いたことがない言葉で、相談者の頭の中が停止した状態になっています。この状態で話を進めても、後の話が理解できなくなります。

❶　代償分割とは

⑴　代償分割という言葉をどう感じる？

ある70代のご夫妻に「代償分割ってわかりますか？」と聞いたところ、ご主人は「代償って何か償うの？」、奥様は「私わからないからお父さんお願い」というご返答。

専門家は当然のように使う言葉ですが、つい相談現場の中で出てしまうと理解してもらえない言葉の一つです。代償分割についてわかりやすく伝える方法に触れていきます。

①　代償分割の定義

国税庁のホームページには、代償分割とは「遺産の分割に当たって共同相続人などのうちの１人または数人に相続財産を現物で取得させ、その現物を取得した人が他の共同相続人などに対して債務を負担するもので現物分割が困難な場合に行われる方法」とあります(国税庁タックスアンサー No.4173)。

ほとんどの相談者には「共同相続人」と「現物」が何を意味するのか理解できません。しかし、この二つの言葉は代償分割のキーワードです。

②　代償分割する場面

相続人が何人かいて（共同相続人)、分けられない資産（現物）があるときに代償分割が行われることがあります。分けられない資産の代表は、不動産・自社株です。

本事例のケースは、長男が実家を相続するつもりでいたため、自身では家を購入せず、実家に住むつもりで現在に至っているということです。最近になって、次男が自分にも相続できる権利があることを知り、家も預金も全資産を長男が相続することに違和感を持ち始めました。

⑵　代償分割で気を付けるポイント

生前に分ける方法を話し合える場合は、それに越したことはありません。

しかし、あまり話し合える状態にない、うまく分ける方法が考えられない、などのケースでは代償分割が現実的な方法です。ここでは、代償分割を円滑に行うために気を付けるポイントを二つ解説します。

①　法定相続分を想定

本事例の次男のような話が持ち上がった場合、多くのケースでは法定相続分が俎上に上がります。

本事例で自宅1,500万円、預金1,000万円だと仮定すると、長男・次男それぞれの法定相続分は遺産総額の２分の１に当たる1,250万円です。長男が全部受け取って預金を全部次男に渡しても、まだ250万円足りません。

相談者の生前に準備ができなかった場合は、次男に1,000万円で納得してもらうか、この250万円を何とか準備するか、ということになります。

②　分けられる資産が十分あるか

本事例のように、遺産の中に代償金に充てる資金が十分でない場合、長男がこれに加算できる自己資金を持っているか、また、それを渡す意思があるのかも確認が必要です。250万円を長男が自分の預金から出してもよいのであれば、今回の代償分割は成り立ちます。

しかし、もし自己資金がなかった場合や長男の家族などの反対で出すことができない場合には、代償分割は成り立ちません。

■ 図表12－1

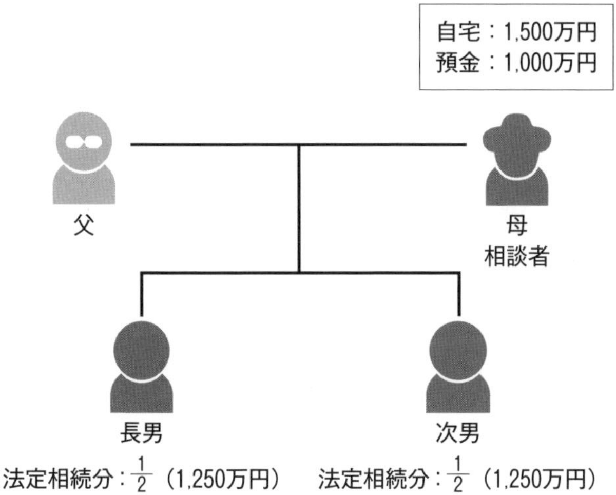

❷ 相談者の想いは何か

相続に関する相談で最も大切なことは、相談者の想いは何かをつかむことです。これがハッキリしていればよいのですが、曖昧な場合は、それをハッキリさせるところからお手伝いが始まります。

本事例の相談者の想いはこうです。「夫の言っていたとおり、全資産を長男に継がせたい。長男も全資産を継ぐつもりでいたので、そうしてあげたい。ところが、最近次男がこのことに違和感を持っていて、法定相続分を受け取りたいと言っている。私は公平に３人の希望を叶えてあげたい。でも、兄弟で揉めるようなことはしてほしくない。」

さあ、あなたならここからどうしますか？

相談者は３人とも大切だから、想いを叶えてあげたい。長男は両親２人の気持ちもわかるので、揉めないようにしたい。次男はできるだけ法定相続分があると子供の教育資金に充てられるので助かる。

本事例では長男が揉めないようにしたいという気持ちを持ってくれていたので、代償金として足りない分を自分の預金から下ろして次男に渡す意思を確認でき、長男の家族も反対はありませんでした。家はもらえる代わりに、相続した預金と長男の預金から250万円出すことに同意してくれました。

これはとてもスムーズに話が進んだ事例です。長男も次男も、比較的コミュニケーションがとれる家族でした。ただ、分ける資産が十分になかった。長男が相談者の「兄弟で揉めてほしくない」という気持ちを汲み取ってくれたのがポイントでした。

❸ わかりやすく言うと「代わりに分ける」

代償分割を簡単に言うと、「代わりに分ける」ということです。すべての事情を飲み込んで、とりあえず一つの形で相続し、後で代わりの資産を分ける。本事例の場合は、長男は全部引き継ぐつもり、次男は半分もらうつもり、両者で別々の想いをもっていましたよね。そしてどちらも正解です。間違ったことを言っているのか？

と考えるとそうでもない。ただ亡夫の想いからすると、次男が違う想いを持ち始めた。ここが「間違い」ではなく「食い違ってきた」ところです。

食い違いに対応する方法はいくつもあります。「間違っている」と次男を叱る。まとめるのが手間だからそのままにしておくなど。しかし、これでは兄弟にしこりが残って相談者の想いが叶わなかったり、そのままにしておいても問題を先送りしているにすぎません。

そこで、食い違いが起こっていることを伝え、長男が相続した後に「代わりのものを次男に分ける方法もありますよ」と伝えることが、相続の専門家としての正しい関わり方といえるでしょう。

今回は、長男さんが全遺産を相続して、その代わりに相続した預金と、長男さんの預金を少し、次男さんに渡してあげるのはいかがですか？　長男さんがご納得いただけるか、次男さんがどのくらいの金額なら納得できるかは聞いてみる必要がありますが。そうするとご主人の想いも叶いますし、兄弟の想いも一致すれば揉めない形がとれるんじゃないかと思いますよ。

コンサルタント

相談者

そんなやり方もあるんですね。それだと私の思っているとおりになりそうです。子供たちが納得してくれればよいのですが。何から始めたらいいですか？

◆顧客対応のヒント◆

専門用語を使わずに説明するために、代償分割を「10文字以内の普段使う言葉で」一般の方に伝えるにはどんな言葉がよいのか。このように考えてみてはいかがでしょうか。またいくつか出した言葉を、事前に専門家でない家族や知人に聞いてもらうと、意味がきちんと伝わるのか確認ができます。意味が伝わる相続ワードをご自身で持っておきましょう。

13 みなし相続財産

上級相続診断士　小泉　栄作

相談者

　そろそろ私たちも終活について考えないとねって、妻と話していました。特に、子供たちのことですが、長男は私たちの家業を手伝ってくれましたし、墓守も率先してやってくれるということなので、これから入る生命保険の受取人に指定したいと考えています。ですが、生命保険金にも税金が課税されるか心配なので教えてほしいです。

コンサルタント

　はい、実は生命保険金も相続財産とみなされます。民法では相続財産とはなりませんが、相続税を計算する時には相続財産として扱われてしまうのです。

　ですが、非課税枠が設けられていたりするので、全額課税されるわけではありませんよ。

相談者

　先生、そもそも遺産というのは、民法と税金を計算する時には意味が違うということですか？「みなし相続財産」というくらいですから、本来相続財産でないものを相続財産と見るということですよね。

　そもそも生前に持っていたお金ではないのに、財産になってしまうのですか？

**　相談者は子供のことを想い、生命保険への加入を検討していますが、子供が負担する税金を心配しています。民法と税法で解釈が違うことに困惑し、生前に持っていたお金ではないのに相続税の課税対象になることや、「みなし相続財産」「非課税枠」など、通常はあまり聞かない単語で困った様子です。**

❶ 相続財産の定義

相続財産とは、被相続人から引き継ぐ一切の権利義務です。権利を「資産」、義務を「負債」とたとえるとわかりやすいでしょう。相談者には「遺産」と言ったほうが伝わりやすいかもしれませんが、テレビドラマなどで遺産と聞くと、一般の人は現金や株、不動産などを想像します。ですが、必ずしも形があるものばかりではありません。

(1) 被相続人の財産に属した一切の権利義務とは

相続財産には、以下のようなものがあります。

■ 図表13－1

権利（資産）	義務（負債）
現金・預金	借入金
土地・建物	滞納税
借地・借家権	買掛金
骨董・貴金属	医療費等の未払金
車・船舶	
暗号資産	
業務用財産	

(2) 相続財産とはならないもの

その人固有の権利義務を「一身専属的な権利義務」といいますが、個人の才能や法的な地位、他者に代わることができない権利義務は相続財産とはなりません。

- 年金受給権
- 生活保護の受給
- 親権者としての権利や義務など

(3) 相続財産とみなし相続財産の違いは何か

みなし相続財産とは、民法上の相続財産ではないものの、被相続人が亡くなったことで得る財産のことをいいます。みなし相続財産は、被相続人が生前から持っている財産ではないので民法では相続財産とされていませんが、相続税を計算する際には文字どおり、相続財産とみなされます。被相続人が死亡したことにより得る財産は、相続で得た財産と同じといえるからです。

なぜ生前に持っていなかった財産を相続財産としてみなす必要があるのでしょうか。例えば、生前に生命保険契約を結び保険料を納めることで相続財産を少なくすることが可能になりますが、指定した受取人だけが保険金を受け取ることになります。特定の相続人のために財産を減らし、その相続人が保険金を得た場合に、この保険金も相続財産として扱わなければ他の相続人にとっては不公平となってしまいます。

❷ みなし相続財産の代表例

みなし相続財産には、契約によって相続されるものと遺言書によって相続されるものがあります。ここでは代表的なみなし相続財産を紹介します。

(1) 契約によるみなし相続財産

① 生命保険金

生命保険契約では被保険者の死亡によって生命保険金が支払われるので、生前から被相続人が保有していた財産とはならず、受取人固有の財産となります。ただし、保険料を負担している契約者と被保険者が同一であり、受取人が相続人となっているものに限ります。

② 死亡退職金

被相続人の死亡によって、被相続人に支給されるべきであった退職手当金、功労金その他これらに準ずる給与を受け取る場合で、被相続人の死亡後３年以内に支給が確定したものは、相続財産とみなされます。

③　定期金に関する権利

生命保険契約の一つである個人年金保険等で一定の期間、年金のように決まった金額を受け取ることを定期金といいます。例えば、被相続人が個人年金を年間100万円受け取っていましたが、死亡後にこの権利を相続人が受け取る場合がこれに当たります。この場合も、契約者と被保険者、年金受取人が同じ人物の場合です。遺族基礎年金や遺族厚生年金も同じように死亡を原因として定期的に決まった金額を受け取りますが、これらは相続財産としてみなされず所得税も課税されません。

④　信託受益権

被相続人が生前に信託契約により信託銀行等に自身の資産を管理運用させ、その運用益を得ている委託者兼受益者であった場合、相続人がこの受益権を相続すればみなし相続財産として扱われます。

⑵　遺言書によるみなし相続財産

○　債務免除益

被相続人から遺言により相続人の借入金債務の免除を受けることや、著しく低い対価による債務の肩代わりは、免除を得た金額に応じて相続財産とみなされます。例えば、被相続人から500万円を借入れしていた相続人が遺言により借入金の返済の免除を受けた場合には、この500万円がみなし相続財産となります。

⑶　みなし相続財産の特徴と注意点

①　非課税枠がある

生命保険の死亡保険金や勤務先からの死亡退職金には相続人の生活を保護する観点から非課税枠が設けられています。生命保険金と死亡退職金とも「500万円×法定相続人数」が非課税枠の範囲です。

②　相続放棄をしても受取りが可能

みなし相続財産は受取人固有の財産であるため、相続放棄をしても受け取ることが可能です。そもそも指定された受取人のものなので放棄という概念がありません。しかし、相続放棄をしてしまうと最初から相続人ではないということになりますから、生命保険金や死亡退職金に設けられている非課税枠の適用もなくなってしまうことに注意が必要です。

③　相続人の間で分割する必要がない

民法では相続財産ではなく、受取人固有の財産となっています。受取人本人のものですから、相続人間で分ける必要もありません。

❸　みなし相続財産を簡単にいうと

みなし相続財産を簡単に説明すると、相続税の計算時には相続財産となりますが、受取人固有の財産なので分ける必要がない財産です。

活用のしかたによっては注意が必要です。例えば、相続人が長男と次男の２人の場合、兄弟のどちらかに自宅などの不動産を相続させ、もう１人には同額程度の生命保険金を渡すと仮定します。親としては同じ価値の財産を遺せたと思っていても、兄弟間の仲が悪ければ、生命保険金を受け取った子は「この保険金はそもそも自分のもので法定相続分を受け取る権利がある」と主張できてしまうのです。このような場合には、代償分割という別の方法がありますので、12を参照してください。

被相続人の気持ちに反して意図しない争いを招かないように、みなし相続財産を活用する場合には特徴を理解し、受取人の選定にも注意しましょう。生前から相続人の役割に応じた家族内での話合いや、遺言書の付言事項を活用し気持ちを伝えるなど、被相続人の気持ちを理解し、相続人に納得感のある手段をアドバイスしましょう。

生命保険を活用するのであれば、税金が課税されない非課税枠も利用できます。
しかし、他の財産とのバランスや相続人間の役割に応じて財産を残すようにしましょう。できれば今からご家族内で気持ちの共有ができるとよいですね。

コンサルタント

相談者

はい。保険金も相続財産とみなされるとは知りませんでした。家業には借入れもありますし、他の財産の内容も考慮して決めたいと思います。これから家族みんなで話し合う機会をつくりますね。

◆顧客対応のヒント◆

相続財産には民法と税法の二つの解釈があるなど、相談者は理解していませんでした。そして相続財産にはどのようなものが含まれるのか、なぜ相続税の計算時には相続財産とみなす必要があるのか、具体的なエピソードで説明すると理解が深まるでしょう。

14　物　　納

上級相続診断士　堀口　実

相談者

私の実家は、地方で先祖代々農業を行っています。農地のほかに山林、土地も多数所有しており、土地の有効活用のために建てた古いアパートもあります。自宅の敷地はかなり広いです。祖母の介護や施設の費用がかかり、現金はわずかしかありません。父は「相続時には余っている土地で税金を支払う」と言っていますが、本当に大丈夫でしょうか？

コンサルタント

はい、国税は現金での支払いが原則ですが、相続税に関しては延納によっても納付が困難であると認められるときにはその納付が困難とする金額を限度として、一定の相続財産による物納が認められています。しかし期限内に税務署に物納の申請が必要で、条件は厳しく、「管理処分不適格財産」という収納不可の財産もあります。

相談者

物納？　知りませんでした。これは父が言っている「余っている土地で税金を支払う」ことと何が違うんでしょうか？

管理処分不適合？　そんなこと言われても、現金がないんだから仕方ないですよね？

相談者は、父の相続の時にかかる相続税は余っている土地で支払えばよいと考えていました。そこに「物納」や「管理処分不適格財産」という聞きなれない言葉とともに専門用語を羅列されてしまい、困惑を通り越して憤りを感じているようです。用語を優しく言い換えて説明した上で相続税が支払えない場合の対策にどのようなものがあり、またその優先順位と具体策の全体最適化をイメージしながらリードを心がけましょう。

❶　物納とは

(1)　物納と延納

物納というと、「相続税の支払いを不動産で支払う」といったイメージでしょう。税金は現金で一括納付が原則ですが、相続税だけは例外的に物納が認められています。物納は、現金一括納付ができない際の例外的な選択肢の一つではありますが、他の選択肢に延納があります。

■ 図表14－1　納税の救済措置

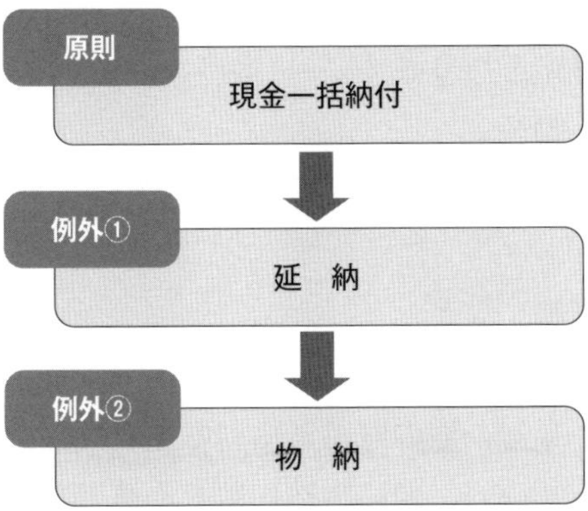

相続税を申告期限内に支払えない場合の延納と物納は、ともに期限内に税務署へ申請をして許可を得ることが必要になります。それも正当な理由がないと認められません。

物納は、現金での一括納付が困難な場合の最終手段です。まず、分割なら支払いが可能な場合は分割で支払う延納を選択します。延納によっても支払いが困難な場合に、不動産などの現物で納める物納という制度が利用できます。

現金、金融資産などの換金しやすい財産がある場合は、延納・物納は認められません。

(2)　物納の優先順位

物納は、現金一括で支払うべき税金を代わりに現物で支払わせる制度であるため、換金性の高い財産から優先的に収納することが規定されています。

物納申請財産は、次に掲げる財産及び順位（①から⑤の順）でその所在が日本国内にあることとされています。

〈第１順位〉

① 不動産、船舶、国際証券、地方債証券、上場株式等

② 不動産及び上場株式のうち物納劣後財産に該当するもの

〈第２順位〉

③ 非上場株式等

④ 非上場株式のうち物納劣後財産に該当するもの

〈第３順位〉

⑤ 動産

⑶ 物納できない財産とは

次の物は、物納に不適格な財産となります。

- 担保権の設定がされている不動産
- 権利の争いがある不動産
- 境界が明らかでない土地
- 耐用年数の経過をしている建物　など

⑷ 物納劣後財産とは

自由に使用・処分をしにくいなど、他の財産と比べて売却などが難しい財産を「物納劣後財産」といい、他に物納に充てる適当な財産がない場合に限り物納することができます。その主なものは以下のとおりです。

- 地上権、永小作権、耕作権、賃借権、地役権などの設定がされている土地
- 法令の規定に違反して建築された建物とその敷地
- 区画整理事業等の仮換地
- 配偶者居住権が設定されている建物及び土地
- 建築基準法に規定する道路に２m以上接していない土地
- 市街化区域以外の区域にある土地（宅地として造成できるものを除く）など

❷　説明する上での注意点

(1)　物納に対する誤解

①　許可に対する誤解

本事例の相談者は、「父が相続時には余っている土地で支払うと言っているが、本当に大丈夫か」という懸念をもっていました。

物納は申請をすれば何でも引き受けてくれる制度ではありません。当然、相続人は不要なものを押し付けたい、国はなるべく換金性の高い物から優先的に受け取りたいという利害関係が生まれます。相談者の父は、「相続税が支払えなければどんな土地でも受け取ってくれる」と誤解をしているようです。

②　申請可能額に対する誤解

物納の申請に当たっては、相続税を一括で支払うことが難しく、延納によっても支払えない場合に、支払いが困難である金額を限度として許可されます。現に保有している現預金で支払可能な分については、物納は認められません。

物納の制度趣旨を説明した上で、相談者の事情を加味し、具体例を用いて説明しましょう。

「相談者の父が死亡したときの相続税が3,000万円、相続財産のほとんどが不動産で、現金は200万円しかないとします。

相続税のうち、現金で支払うことができるのは200万円、延納の分割払いで支払可能の金額が1,000万円とすると、残りの1,800万円が物納申請の可能な金額となります。

手元に残すことを認められる金額は生活費としては３か月分しかありませんから、ほとんどの金額を手放さなければなりません。」

③　収納価額に関する誤解

物納財産を収納する時の価額は、原則として相続税の課税価格に算入した価格になります。例えば、自宅の敷地について小規模宅地

■ 図表14－2　物納の申請可能額

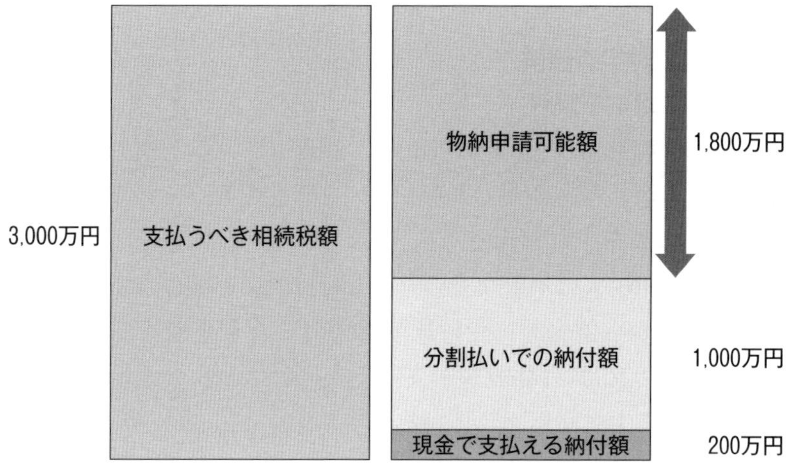

等の特例の適用を受ける場合には、特例適用後の価格が収納価額となってしまいます。

時価が１億円の土地でも、小規模宅地等の特例を使い2,000万円の評価で相続税の申告をすれば、物納の収納価額は2,000万円となるので、注意が必要です。

⑵　物納は使いにくい

物納は、申請可能な物件の条件はかなり限定的であり、申請可能な金額も限られ、収納価額も現実的ではない制度です。このような高いハードルを越えて、大きなメリットを享受することは、ほとんど不可能といってよいでしょう。

❸　物納のための事前準備

物納は分割払いの延納でも支払いができない人のためにやむを得ず創設された制度であるため、厳しい要件が課されています。どうしても物納を申請する必要があるのであれば、事前に相続税額、支払可能額、不足額で物納可能な財産を検討し、整備をしておくことが重要です。また、物納をしようとしている財産が管理処分不適格財産や物納劣後財産に該当をしないかを確認し、改善できることはしておく必要があります。

例えば、測量をしていない土地は、測量をすると物納できる財産に昇格します。担保権の設定がされている不動産も抹消が可能であれば物納可能不動産となります。

物納が本当に必要であれば、相続発生前から時間を掛けて計画的に事前準備を進めましょう。

物納は、納税を不動産などの物で納める制度ですが、非常に使いにくい制度です。物で納めにくいのが物納であると言えます。国の本音は、一言でいうと「物 NO！」なのです。

コンサルタント

相談者

はい、父が安易に考えていた物納という方法が使いにくい制度であることがよくわかりました。全体を見据えて、相続税がいくらかかり、物納の必要があるかを把握した上で、今後の対策の相談をさせてください。

◆顧客対応のヒント◆

物納はどんな物でも認められるわけではなく、条件が厳しく使い勝手も悪い制度です。本当に利用をするメリットがあるのか、換金をして納税をするなどの他の方法が使えないかを、事前に時間を掛けて検討・準備することが大切です。

15 付言・付言事項

相続診断士　善見　育弘

相談者

私には、妻と２人の息子がいます。長男は家業を嫌い、若くして家を出て、今は疎遠です。次男夫婦は私たち夫婦と同居していて、私が親から受け継いだ和菓子店を手伝ってくれています。今では和菓子職人として立派な後継者に育ってくれました。だから、次男にすべての財産を引き継ぎ、今後も店を守ってもらいたいです。そのために何か準備することはありますか？

すべての財産を次男さんに引き継ぐには遺言が必要です。ただし、遺言にその内容を記載しても長男さんには遺留分がありますので、かえって遺言に起因して争いになる可能性があります。その対策として遺言の遺産分割方法を補足するために、なぜ次男さんだけに相続させるのか、といった理由を「付言事項」として記述することができます。

コンサルタント

相談者

えっ?!　遺言の“不言実行”ですか？　黙って実行したら、息子たちが余計に揉めることになりませんか？
──あっ、「付言事項」と書くのですね。

遺言と一緒に付言事項を書いておけば、問題なく次男に相続できるのでしょうか？

相談者は、次男に全遺産を相続させるための準備に取り掛かろうとしています。現時点では「遺言」と「付言事項」の関連も理解できていません。遺言に加えて想いを伝える「付言事項」の役割から説明しなければ理解が難しいようです。まずは、相談者の想いをヒアリングして、その想いをどのように付言事項で表現して、想いどおりの笑顔相続の実現に結び付けるか、相談者の理解度に合わせて検討してみましょう。

❶ 付言事項とは？

「付言事項」……一般には聞きなれない言葉です。

金融機関や相続関係の事務所が発行している「相続用語集」などを見ても、「付言」「付言事項」という言葉はあまり収録されていません。一般の人にとっては、初めて聞く言葉であって、音声として聞くと相談者のように「付言事項」を「不言実行」と聞き取ってしまう人もいるのではないでしょうか。

実際に遺言書を作成する人のうち、付言事項を書く人は10％程度ではないかというのが、筆者の実感です。

「付言事項」を理解してもらうには、その母体となる遺言から説明しなければなりませんが、なるべく理解しやすい言葉で伝えることを心掛けてください。

(1) 遺言における付言事項とは？

遺言は、本体部分と気持ちを書く部分の２部で構成されています。本体部分は、お金や財産の分け方を示す「法定遺言事項」を言い、法律的に効果のある部分です。

これに対し「気持ち」を書く部分のことを「付言事項」と言い、想いを付け足す言葉を遺言書の最後に記します。これはいわば、遺された人たちへの「最後の手紙」です。具体的な内容としては、遺言者から受け継いだ財産や遺志について、実行する際に注意するべき事項や指示を述べた文章のことです。残された家族への感謝の想いや、遺言を書いた理由等を記すことができます。

(2) 付言事項の役割

遺産分割の場面において遺言が重要な役割をすることは、すでに**10**で解説していますし、多くの相談者はそれなりに知識を持っているのではないでしょうか。しかし、遺言の内容によっては相続財産の分け方に対して相続人間で格差が発生し、その格差を、遺言者から自分（相続人）への想いの差と捉え、「同じ子供なのに自分だけ不遇の扱いを受けた」と感じて争いになることも考えられます。

そのような場合において付言事項は、遺言全体の解釈にも大きな影響を与える役割を持っています。遺言者の重要なメッセージであり、相続人に対して強く望むことや、共同相続人間に不公平が生じる分配方法であっても、具体的になぜそのような内容を指定したのか、付言事項でその理由を書くことにより相続人を納得させることに繋がります。遺言を補足する意味でも付言事項の重要な役割を相談者に伝えることは、相談を受ける側の要務であると筆者は確信しています。

❷ 付言事項の効力と事例

遺言には法的な効力がありますが、「付言事項」の部分に関しては法的な効力はありません。

もちろん付言事項がなくても、法的には遺言書は有効です。

しかし、遺言では伝えきれない心情的な部分で、愛情や感謝の気持ちを込めて書くことは、遺言者がどのような想いで遺言を書いたかを示すことができます。遺された人にとっても遺言者との思い出や繋がりを大切にする上で重要なことかもしれません。

残された人たちが、わかりやすい形で最後の手紙に記された遺言者の遺志を実行することができるのです。

相続相談を受ける相続コンサルタントが、表現力の乏しい人に代わって遺言に加えて付言事項の文章を作成することもあるでしょう。

相談者とのコミュニケーションの中で、相談者の真意を汲み取り、想いをどのように付言事項に表現するかは、スムーズな遺言本文の実現のためにも役立つことになります。

本事例のケースでは、店を存続してほしいと願う相談者の真意を聴き取り、相続コンサルタントが付言事項のアドバイスをした結果、相談者は下記のような内容の付言事項を書きました。
　法的効力を持たない付言事項ですが、相続人間のバランスの悪い遺言に従って相続を行うためには「付言事項」があるとよいでしょう。

> 　皆のおかげで、私は幸せな人生をおくることができました。
> 　私は、親から引き継いだ和菓子店を二代目として永年頑張って営んできました。最近病気をしたこともあり、衰えを感じています。万一のことを考えた結果、この遺言を家族に遺すことにしました。
> 　次郎には今まで家業を手伝ってもらい、嬉しいながらも和菓子作りに関しては厳しく接してきました。次郎が和菓子職人として修業を積み、立派に店を切り盛りしてくれていることに感謝しています。次郎、ありがとう。
> 　一郎は、早くから独り立ちをして苦労もあっただろうけど、今は立派に頑張っていることを頼もしく誇りに思います。
> 　一郎にお願いがあります。次郎が家業（和菓子店）を守っていくために、私の資産である店舗とその設備、預貯金と借入金すべてを次郎に引き継いでもらうことにしました。
> 　一郎には遺すものがないのですが、遺産を相続するのは次郎個人ではなく和菓子店であることを理解してほしい。
> 　息子たち２人に対する愛情は等しく持っています。これからも兄弟仲良く、お母さんとそれぞれの家族を大切に元気に暮らしてください。お父ちゃんより
>
> 以上

❸ 付言事項を書く上での注意点

⑴ 遺言の内容に矛盾していないか

付言事項は遺言全体に優先するものではないため、遺言の内容に矛盾するようなことを書いては、遺言書の本文の解釈や法的効力に支障を来してしまう場合もあります。

⑵ 不明確なことを書いていないか

付言事項に書くことが不明確だと、付言事項の意図が伝わらないため、かえって問題を引き起こす危険性があります。そのためには、曖昧な表現ではなく明確な文面で想いを表現するようにします。

⑶ 否定的・批判的なことは書かない

今回の相談でも、「一郎には、渡さない」といった表現ではなく、「店を守っていく次郎に渡す」といった肯定的な表現にしています。

遺言の構成と併せて以上のような点に留意して付言事項を書くことを心掛けていくように導いてください。

筆者は、常日頃から相談者に対して家族間のコミュニケーションを図り、付言事項に書くであろう想いを家族で共有する会議を勧めています。家族会議は、家族だけでするのではなく、折を見て相続コンサルタントが冷静・中立な立場で同席するのもよいでしょう。

遺言に付け加える「付言事項」は、残された方へ気持ちを込めた最後の手紙だと思ってください。長男さんに残すものがなくても、付言事項があることによって、あなたの遺志が尊重され、結果的に相続で揉めないように導くことができます。

コンサルタント

相談者

はい、わかりました。息子たちが争うことなく、円満に引き継いでもらうために、私の想いを付言事項として明確に伝えます。きっと長男も私の最後のメッセージを尊重し、納得してくれるでしょう。次男も安心して和菓子店を続けていけると思います。私も妻も安心です。

◆顧客対応のヒント◆

相続には多岐にわたる問題やトラブルが潜んでいます。遺言の内容を相続人にわかりやすく伝えるために、相続リテラシーを身に付けている専門家として、相談者が話す内容をじっくり聴き、質問を交えながら理解度を確認した上で、専門用語を使わず話すことを心掛けてください。

遺言者自身が気持ちを込めて書き込む最後の手紙の「付言事項」が遺言の読み手の解釈に重要な役割を担うことを相談者に伝えてください。ただし、付言事項だけで伝えられることは限られています。そして、最後の手紙には返信先はありません。尋ねたくてもできません。最後の手紙がネガティブなサプライズにならないように、日頃から想いを共有しておくことの大切さを相談者に伝えてください。

16 遺産分割協議

上級相続診断士　竹内みどり

相談者

　先日母が亡くなりました。母名義の預金を引き出そうと信用金庫に行ったところ、遺産分割協議書や印鑑登録証明書、戸籍等を提出するように言われました。遺産分割協議書とは何ですか？　払戻しを受けるために協議書はどうしても必要なのでしょうか？

コンサルタント

　被相続人の死亡により相続が開始し、遺言がなければ、遺産は法定相続人に当然に帰属します。法定相続人が１人なら、すべての遺産をその相続人が取得しますが、法定相続人が複数なら、誰がどの遺産を取得するか相続人で話し合って決めます。この話合いが「遺産分割協議」です。その協議の結果を記した書面が「遺産分割協議書」です。

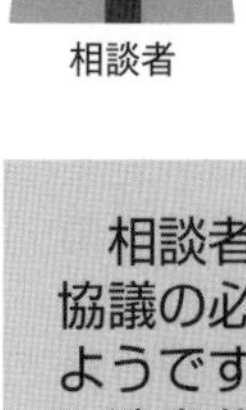
相談者

　仰っていることがよくわからないのですが、“ヒソウゾクニン”というのは母のことですか？　母は遺言を書いていないと思います。父はすでに他界し、子供は私と兄です。母にどんな財産があるのかもはっきりしないのですが、兄は仕事が忙しく、「おまえに任せる」と言って面倒なことをすべて私に押し付けています。まずは母の遺産だとわかっている預金だけでも払戻しを済ませたいのですが。

　相談者は、法律用語がわかりにくいと感じている上、遺産分割協議の必要性や協議書を作成する意義について理解できていないようです。
　遺産分割協議を行い、協議書を作成することは、相続手続きを進める上で大変重要です。その際、法律用語を簡単な言葉にして、相談者に理解してもらえるようにわかりやすく説明することが必要です。

❶　遺産分割協議とは

(1)　遺産分割協議の目的

①　相談者にはわかりやすい言葉で伝える

相談者に理解してもらわないことには解決に至りません。専門用語をなるべく使わず、より相談者にとって身近な言葉に変換することが大切です。このケースでいうと、被相続人を「お母様」と伝え、遺産分割協議を「お母様の財産を分けるための話合いをすること」と言い換えることで、相談者の理解度がグッと高まります。

②　遺産分割協議の目的

相続人が２人以上いる場合に遺産を各相続人で分けていく手続きを「遺産分割協議」といいます。仮に法定相続人が１人しかいなければ、その相続人がすべての遺産を引き継ぎ、名義変更や解約など承継の手続きをしていきます。そのため、遺産分割協議書の作成をする必要はありません。

つまり、遺産分割協議書は、相続人全員がこの遺産分割に合意したことを書面に残すことにより、後々発生する可能性がある相続人間でのトラブルを未然に回避する役割を成します。

また相続税は、遺産分割の内容が決まらない場合であっても、被相続人が死亡したことを知った日の翌日から10か月以内に納める必要があります。もし分割協議がまとまらない場合は、法定相続分に従って財産を取得したものとして相続税を納付しなければなりません。その際には、相続税の特例等は使えないというデメリットがあるため、10か月以内に遺産分割協議を終了させることは大切です。

(2)　遺産分割の対象になるのは

注意するポイントとしては、相続人が複数いる場合、すべての遺産が遺産分割の対象になる、というわけではありません。

例えば、被相続人が第三者にお金を貸していた場合には、相続開始時に遺産分割協議をしなくても、法定相続人に法定相続分の割合で分割されます。また、逆に被相続人が金融機関等からお金を借りていた場合も同様に、相続開始時に遺産分割協議をしなくても、法定相続人に法定相続分の割合で分割されます。

通常、これらは法定相続分で分割するとされているので遺産分割協議は必要なく、遺産分割の対象にならない遺産ということになります。しかし、このような遺産も、法定相続人が遺産分割の対象にすることを合意すれば、遺産分割協議によって誰が承継するかを決めることができます。

ただし、借入金等の相続債務については、遺産分割協議によって誰が債務を引き継ぐかを決めるには、債権者の同意が必要となるので注意が必要です。

また、遺産ではない葬儀費用や、相続開始後にかかった費用などを遺産分割協議の際に話合いの対象とすることも可能です。これらも相続人全員が同意していることが必要です。

⑶ 遺産分割協議をすべき人は

遺産分割協議をすべき人は、法定相続人全員です。

本事例では、相談者は「法定相続人に当たるのは自分と兄だけだ」と言っていますが、相続人に当たる者が誰かを確定するために、被相続人の相続人が誰かを裏付ける資料として被相続人の戸籍等を取り付ける必要があります。法定相続人が確定したら、その全員で分割協議をする必要があります。誰一人欠かすことはできません。

この他に、法定相続人に認知症の人がいて協議をする判断力がなければ、後見人を選任する手続きをしなければなりません。法定相続人に行方不明の人がいてどこにいるのかわからない場合も、不在者財産管理人を選任しなければなりません。また、法定相続人に未成年者がいて、親権者も法定相続人であれば、特別代理人を選任しなければなりません。

そのようにして法定相続人全員で遺産分割協議をしていきます。

❷ 遺産分割協議をするための注意点

(1) 遺産分割協議をするための調査

遺産分割の前提として確認すべきことは、①遺言がないか、②相続人が誰か、③どのような遺産があるか、の3点です。

① すべての遺産の承継先を定めた遺言がないか

すべての遺産の承継先を定めた遺言があれば、遺言に従ってすべての遺産が承継されるので、遺産分割協議は不要です。

本事例で、相談者は「母は遺言を書いていないと思う」と言っていますが、もう一度遺言がないか探してもらうとともに、公証役場に遺言公正証書を作成していないか、法務局に自筆証書遺言を預けていないかを確認するのがよいでしょう。

② 相続人が誰か

相続人が誰かを確認するために、被相続人が生まれてから亡くなるまでの戸籍を取り寄せます。

生まれるところまでの戸籍を取り寄せるのは、子をもうけたり、認知したり、養子縁組したりしても、転籍や改製などで戸籍が作り替えられると新しい戸籍に記載されないから、子の有無を調べるためには戸籍をさかのぼって確認する必要があるからです。

③ どのような遺産があるか

遺産の全体がわからなければ、どの遺産を取得するか協議をすることができません。したがって、どのような遺産があるかを調べる必要があります。

生前の財産の一覧を記載したエンディングノート等があるとよいのですが、なければ通帳や証書、金融機関や証券会社からの郵送物、固定資産税の納付書等から財産を調べていきます。判明した財産は、資産の種類ごとに一覧表にして整理しておくとよいでしょう。

⑵ 遺産分割協議のしかた

遺産分割協議は、相続人全員で、あらかじめ作成した財産の一覧表をもとに、誰が何を取得するのかを話し合います。

どちらかが債務を承継するのであれば、債権者と協議をして承認を受ける必要があります。

⑶ 遺産分割協議書の作成

遺産分割協議がまとまったら協議書を作成し、合意が成立したことを書面に明らかにしていきます。

協議書の記載方法に法的な決まりはありませんが、誰が何を取得するのかが明確になるようにしましょう。

また、協議書には相続人が署名して実印で捺印し、印鑑登録証明書を添付しましょう。これは協議書が相続人によって作成されたことを明らかにするために重要なことです。

⑷ 遺産分割協議書を作成しない対応

本事例では、相談者は「とりあえず金融機関の預金の解約をしたい」と相談をしています。また、共同相続人である兄からは「手続きは任せた」と言われているとも述べています。

実は、金融機関で預金を解約する場合には、必ずしも遺産分割協議書の提出が必要というわけではありません。代表相続人が、口座の解約払戻しをすることについて、金融機関の所定の書面に相続人全員が同意する旨の署名と実印の押印をして、印鑑登録証明書を添付して提出する形でも、応じています。

ただし、後日、新たな紛争が生じることを回避するためには、遺産分割協議を調えた上で進めるのが望ましいといえます。やむを得ず遺産分割協議の成立前に解約手続きを進める場合には、相続人間で解約払戻金の使途についてしっかりと話合いをして、相続人間で揉めないようにすることが必要です。

なお、民法改正により「預貯金の仮払制度」が整備され、遺産分割前であっても、一部の相続人が被相続人の預貯金の一部の払戻しを請求できるようになりました。こちらの情報も合わせて案内しましょう。

お母様の相続人を確認するための戸籍を取り寄せ、お母様の遺言がないか確認した上、遺産を調査して、お兄様とどのように遺産を分けるか話し合いましょう。
まとまったら、どちらが何を取得するのかを遺産分割協議書の形にして残しておくといいですね。
遺産分割協議書は金融機関の口座の解約払戻しだけでなく、登記手続きや納税手続き等でも必要になりますから、専門家に作成してもらうのがよいでしょう。ご希望でしたら信頼できる専門家を紹介いたします。

コンサルタント

相談者

大変わかりやすく説明していただき、納得できました。
自分で対応するには大変すぎるので、相続人調査や遺産の調査を先生にお願いしたいです。
遺産分割協議書を作成するときには、専門家の先生をご紹介ください。

◆顧客対応のヒント◆

難しい法律用語は身近な言葉に置き換えるだけではなく言葉の意味や作成理由、手続の方法などを相談者の家庭に落とし込んで説明しましょう。
また、手続きは専門家がサポートできることを伝えると、より安心してもらえます。

17 直系尊属・直系卑属

上級相続診断士　秋山　千穂

相談者

　先日友人が亡くなりました。友人は独身だったのですが、ご家族が相続で揉めたようです。私も急に自分の相続について心配になりました。私は結婚をしておらず、子供もいません。家族は両親と兄が２人います。その場合、誰が相続人になるのでしょうか。

コンサルタント

　独身で子供がいないのですね。そうするとあなたの相続が起こった場合には、直系尊属が相続人となります。

　直系尊属がお２人とも亡くなった場合は、傍系血族が相続人となります。

相談者

　直系尊属に傍系血族？　なんだか言葉が難しくて、自分の相続人が誰なのかがまったくわかりません。自分の相続が起こった時のためにしっかりと知っておきたいのですが、どうしたらいいでしょうか？

相談者は自分の相続人は誰なのか不安になっています。そして、相続の専門用語で直系尊属・傍系血族と言われて、聞きなれない専門用語に混乱したようです。

相談者がどの程度理解しているかに注意し、むやみに専門用語を使うのではなく、丁寧にわかりやすい説明をすることが大切です。

❶　相続人が誰かを理解してもらう

⑴　直系尊属・直系卑属を取り巻く相続の専門用語

相続について調べてみると、直系尊属・直系卑属・傍系血族・姻族という言葉が出てきます。初めて調べた人は難しくて混乱してしまうのではないでしょうか。

ここからは、その中の直系尊属と直系卑属をわかりやすくひも解いていきます。

①　「直系」

直系とは、自分から見て世代の上と下の系統のことをいいます。両親や祖父母、子や孫などになります。

養父母や養子も法律上の血族になり直系に含まれます。正式には「直系血族」といいます。縦のラインと覚えてください。

②　「血族」

血族とは、「血のつながりがある人」ですが、血のつながりがなくても、養子縁組により養子や養親も血族になります。

③　「尊属」・「卑属」

自分からみた前の世代の血族（両親や祖父母）を尊属といい、後の世代の血族（子や孫）を卑属といいます。

④　「直系尊属」・「直系卑属」

直系尊属とは、自分よりも上の世代の血族のことで、祖父母や父母が直系尊属になり、直系卑属とは自分よりも下の世代の血族のことで、子供や孫、ひ孫などが直系卑属です。

図表17－１のような図に相談者の名前や両親・兄弟姉妹の名前を書き込んで説明するとわかりやすいでしょう。

⑵　直系尊属と直系卑属に該当しない人

兄や姉は自分より年上であっても兄弟姉妹は同列の世代になるので、直系尊属や直系卑属には該当しません。

■ 図表17－1

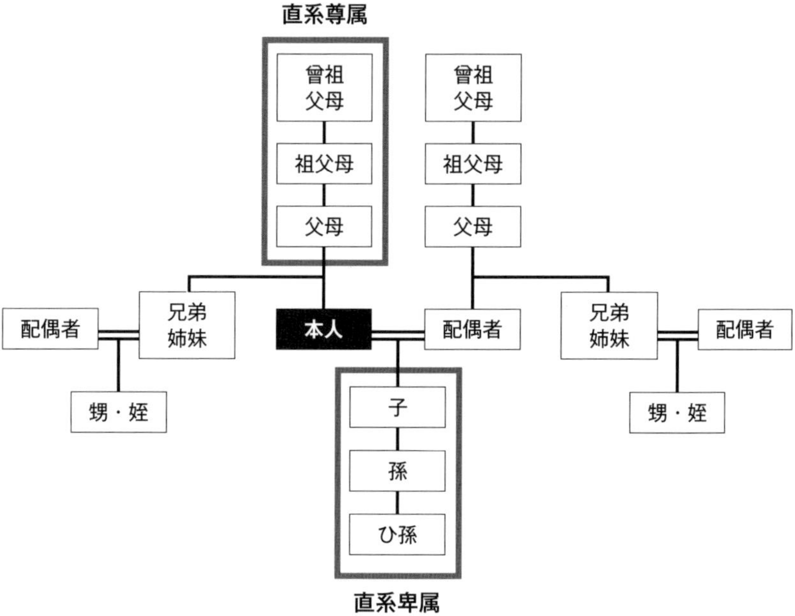

よく勘違いされますが、配偶者は年齢が上でも直系尊属とはなりません。配偶者の両親や子の配偶者も同様です。

なお、配偶者はあくまで「配偶者」であり、直系尊属や直系卑属や以下の①、②には該当しません。

① 「姻族」

姻族とは、配偶者の血族をいいます。配偶者の血族とは血縁はありませんが、結婚することによって「姻族」となります。配偶者の父母や祖父母、叔父叔母や兄弟姉妹、甥姪などが該当します。

② 「傍系血族」

傍系とは、直系から枝分かれした横につながる系統のことをいいます。兄弟姉妹や甥姪、いとこ、叔父叔母などが該当します。横のラインと覚えてください。

■ 図表17－２

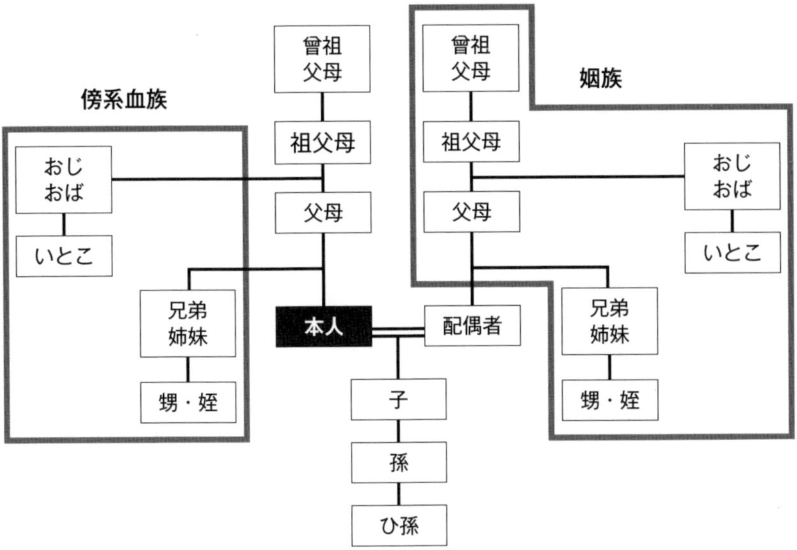

❷　相談者に起こり得る代襲相続

民法では、法定相続人になれるのは「配偶者」と「一定の血族」のみと定められています。その一定の血族には優先順位があり、順位が高い血族を優先して法定相続人となります。

法定相続人になる人の範囲と順位は、以下のとおりです（民法887～889）。

◆法定相続人の相続順位
被相続人の配偶者＝常に相続人
第１順位＝子（子が先に亡くなっている場合は孫）
第２順位＝父母（父母が先に亡くなっている場合は祖父母）
第３順位＝兄弟姉妹（兄弟姉妹が先に亡くなっている場合は甥・姪）

また、相続が発生したとき本来相続人となるべき上の順位の相続人が亡くなっていた場合には、次の順位の血族に相続権が移り、それを「代襲相続」といいます。

相談者の相続人が誰かを考えると、配偶者がおらず子がいないので、直系尊属の両親が相続人になりますが、今後両親ともに亡くなってしまっている場合には、相続人は兄２人となり、兄２人が亡くなってしまっている場合には甥・姪が代襲相続人となります。

相談者の現在の状況での相続人、そして今後直系尊属がいなくなった場合の相続人、代襲相続が起こった場合の相続人が誰なのかを具体的に説明することが重要です。

本事例の場合、相談者の家族の名前も含めて家系図にすると、図表17－３のようになります。

■ 図表17－３

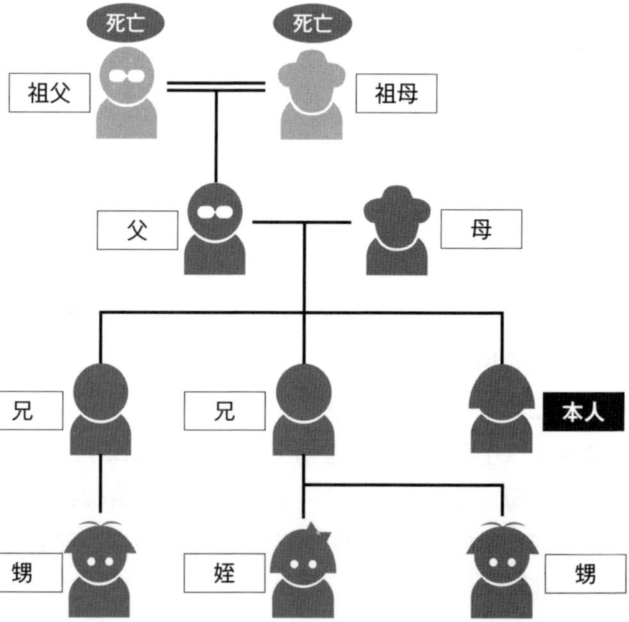

図を見ていただくとわかるように、今、あなたの相続が発生した場合はご両親が相続人となります。今後ご両親が亡くなった場合は、お兄さんお２人が相続人となります。もしお兄さんたちが亡くなってしまっていた場合には、甥・姪が相続人となります。

コンサルタント

相談者

自分の相続人が誰なのかがわかって安心しました。難しいと思っていた相続の用語もよく理解できました。私の相続で家族には揉めてほしくないので、相続が起こったときのことを考えてしっかりと準備をしたいと思います。

◆顧客対応のヒント◆

専門用語を専門家は普通に使っていても、一般の方にはとても理解が困難です。ひとつひとつの言葉を細かく説明し、具体的に図や家系図を用いて相談者の名前をそこに書き込んでみるとわかりやすく、納得していただけるでしょう。

18 寄与分

相続診断士　徳永　和子

相談者

先日、会社経営している父が亡くなり、遺産分割協議をしている時に、兄が「自分は会社を辞め、父の会社を継いで相続財産以上に役立つように尽力したので、相当額の金額を加算して多めにほしい」と言ってきました。これは正当な請求なのでしょうか？

お兄さんは寄与分のことを仰っているようですね。寄与分とは、親の家業を継いで親の財産を増やした場合や、寝たきり状態の親を自宅にて無給で一定以上の時間を費やし介護をして親の財産の減少を防いだなど、被相続人の財産の維持や増加に貢献した場合に、他の相続人よりも相続財産を多く分けてもらうことができる制度です。

コンサルタント

相談者

「財産の維持や増加」とは具体的に、個人資産を運用で増やすことですか？　また、父は最後に寝たきりで、母と私が介護をしたので、私にもその「寄与分」を請求することができると思います。その寄与分はお互い様なのではないでしょうか？

相談者は、「寄与分」という言葉の意味や、財産の維持や増加の具体的な意味がわからないことと、介護についても「寄与分」が認められるのではないかと納得いかない様子です。「財産の維持や増加」とは何か、また、介護についての寄与分の考え方について納得いくように、相談者の事情に沿って説明することが必要です。

❶ 寄与分の定義

寄与分とは、被相続人の財産の維持や増加に「特別な貢献」をした場合に、他の相続人よりも相続財産を多く分けてもらうことができる制度で、寄与分が認められると、相続分が増える可能性があります（民法904の2）。

実際には、単に介護に必要な精神面や身体面に関する援助をしたというだけではなく、その結果として被相続人の財産を増やすことにつながったといえるような経済的な効果を伴うことが必要です。本事例をもとに、以下、解説します。

❷ 寄与分が認められる条件

① 相続人であること
② 財産の維持や増加に特別な貢献したこと

寄与分が認められるためには、相続人の被相続人に対する貢献が親族間の扶養義務にとどまらず「特別の貢献」となることが必要です。

この「特別な貢献」という部分が、相談者の解釈と、専門的解釈の違いがあるところです。

では、具体的にどのような行為を「特別な貢献」というのでしょうか。代表的な例について説明していきます。

❸ 寄与分として認められる代表的な行為

各項目について事例をあげて説明していきます。

(1) 家業従事型（被相続人の事業に無償・又は無償に近い態様で従事した場合）

被相続人の家業を手伝っていた場合、家業従事型に当てはまります。

例えば、被相続人が経営している店を相続人である息子が20年間無給で手伝った場合などです。

ただし、家業を手伝っていたとしても従業員と同じように給与をもらっていた場合には、寄与分として認められませんので注意が必要です。寄与分は上述したように「無償・又は無償に近い態様で従事した場合」が対象となります。

このケースでいえば、兄が給与をもらっていたかどうかがポイントです。

⑵　金銭出資型（被相続人に対して資金を提供した場合）

被相続人に対してお金を出していた場合、金銭出資型に当てはまります。

例えば、父が工場を建てるための土地の購入に資金を提供した場合などです。

父が経営する会社への金銭出資は、出資対象が父ではなく、会社になるので、基本的には認められないため注意が必要です。

⑶　療養看護型（被相続人の看護や介護を行った場合）

被相続人の介護をした場合、療養介護型に当てはまります。

例えば、寝たきりの父の介護でホームヘルパーを雇う費用が年間150万円かかるとします。雇う代わりに、３年間にわたって娘が24時間介護したことで、父の預金を減らさずに済んだことになり、「特別な貢献」があったとして寄与分が認められる可能性があります。逆に、ホームヘルパー等が自宅に来訪する前の１時間だけ介護を手伝った程度であれば、「特別な貢献」としては認められませんので注意が必要です。

療養看護型での寄与分を主張する際は、自らの看護や介護によっていくらの支出が減ったかを明確に示す資料を用意しましょう。

⑷　扶養型（被相続人の生活の面倒をみた場合）

被相続人の生活の面倒を見ていた場合、扶養型に当てはまります。

例えば、父が手足を骨折しており、仕事ができない状態で収入がないため、生活費にかかる金額の大半を負担していた場合などです。父に扶養の必要性がある場合に限り、寄与分が認められることになります。しかし、十分生活できる収入があり、身体が健康である父に対し、生活費を援助したとしても寄与分は認められにくいでしょう。

⑸　財産管理型（被相続人の財産を管理した場合）

被相続人の財産を管理する必要があったことが前提となります。例えば、父の所有する貸アパートについて、管理会社が付いているにもかかわらず、定期的に共用部分を清掃したと主張しても認められません。

❹　当事者間で話合いができなかった場合

「寄与分」が相続人の間で納得されなければ、家庭裁判所で寄与分についての話合いがなされることになります。

①　調停での話合いの中で、寄与分の額や割合について合意ができた場合には寄与分についての問題はすべて解決します。

②　調停手続きの中で合意ができなかった場合には、調停から、審判の手続きに移ります。家庭裁判所の審判手続きの中で寄与分の問題についての判断がされます。

調停は、意見が対立する双方の間に調停委員が中心となって、当事者双方から話を聞き取り、話を進めていきます。早く言えば、仲裁です。

審判とは，調停でも話がまとまらない場合などに，家庭裁判所の裁判官から「このように分割しなさい」という法的強制力のある結論を出してもらう手続きです。

調停や審判では、寄与分について具体的な証拠があるかどうかが決め手になります。

プラス1

「遺書」と「遺言」は一字違いで大違い

「ワシは死なんから、遺言なんか書かん！」

子から遺言を書くように言われ、こう言って怒り出す方がいます。

こういったケースには、筆者は以下のような説明をしています。

「まだ死なないんですよね？　では、遺書は書かなくていいですよ」

「あれ？　死なんから遺言は書かんといったのだが、遺書？　遺言？何が違うの？」

「日本の法律では、遺言は15歳以上の人が書くことができるとされています（民法961）。15歳の人って普通に考えるとすぐに亡くなったりしますか？」

「いや、ワシよりは長生きだろう、うちの孫がちょうど15歳だ」

「そうですよね？　亡くなる人が例えば自殺の前に書くのが遺書です。遺言は15歳以上で判断能力のある人が書けるんです。だから30歳でも重度の知的障害があると書けませんし、100歳でも軽い認知症くらいで判断能力があれば書けます」

「そうか！　じゃあ、わしが書かなくていいのは遺書なんだな」

「はい、そうです。一字違いで大違いですね。なので、遺言、書きませんか？」

「う～ん、なるべく早く書くようにするよ」

説明時のワンポイントアドバイス

① 一字違いなどの語句を対比させて説明することで、理解を促す。

② 説得するより納得してもらえるように会話を工夫する。

（一橋香織）

相続人間で寄与分について合意できればよいのですが、それができなければ、このように調停や審判に進むことになり、とても手間と時間と費用がかかります。

「寄与分」について説明しましたが、「特別な貢献」の解釈の仕方が、ポイントになります。寄与分として認められる貢献は通常のものではなく、「特別」である必要があります。
要するに「寄与分」は特別な貢献を原則無償で行った場合に認められる制度とも言えますね。その場合に自己申告で、他の相続人よりも相続財産を多く分けてもらうことができる制度で、寄与分が認められれば、相続分が増える可能性があります。

コンサルタント

相談者

大変よくわかりました。私も母と一緒に父の介護をしましたが、家族として当たり前のことをして来たにすぎないと気づきました。兄も父の助けをしてくれたことには感謝ですが、社長としての給与もしっかり会社からもらっていました。お互いに、「寄与分」については主張しない方向で話し合い、分割協議を進めます。私たち兄妹は父に感謝していますし、家庭裁判所の調停や審判にはしたくないですから。

◆顧客対応のヒント◆

「寄与分」については、被相続人の財産の維持又は増加について特別に貢献した場合に認められ、被相続人が共同相続人の協議で定めた寄与分を控除したものを相続財産とみなし分割協議を行い分配することになります。専門用語だけでは理解できないことが多いので、家族としての当たり前の行為と特別な行為の差がなんであるのかをこの相談者の家庭に落とし込み説明し、さらに「原則無償で特別な貢献」が「寄与分」であると言い換えることで、よりわかりやすくなるでしょう。

19 遺留分放棄

上級相続診断士　谷口　容一

相談者

先日兄から連絡がありまして、母親が遺言を書くことになり、妹の私に一定の財産は渡すが、それ以外の財産は放棄してほしいと言ってきました。実家は会社経営をしていて、父が3年前に他界したのを機に、母と兄で経営を引き継いでいます。母が現在社長を務め、兄が将来的に引き継いでいくことは理解していますが、「一部を放棄」というのはどういうことなんでしょうか？

お兄様は、遺留分放棄を了承してほしいと言っているのだと思います。現在、お母様の財産についてお兄様とあなたとが法定相続人になりますので、その財産の相続分は2分の1ずつで、お兄様とあなたは同じになります。しかし、会社を経営してその事業を承継することを考えると、お母様の大部分の財産をお兄様が相続しないと会社経営に支障をきたすため、遺留分放棄をお願いしたいのではないですか。

コンサルタント

相談者

「遺留分放棄」ですか？　相続放棄とは何が違うのでしょう。父が亡くなったときに相続税のことで、大部分の遺産を母が相続したことはわかっています。また、会社の経営を兄が引き継ぐことも理解しています。一定の財産以外は放棄とか、遺留分放棄とか言われると、何を言っているのか理解が追いつきません。また、具体的にどうしたらよいのでしょうか？

相談者は、遺留分放棄という聞きなれない言葉とそのことが具体的にどんなことなのか、手続きはどうすればよいかが理解できないでいると思われます。

また、相続についての会話では、普段使っていない言葉がよく出てきて、その意味がわかりにくい、また、なぜそのようなことを言っているのか具体的に理解しにくいということはよくあるので、わかりやすい説明が必要だと考えます。

❶ 遺留分放棄とはどのようなものか

⑴ 遺留分放棄の仕組みとは

遺留分放棄とは、遺留分（**1**参照）のある相続人が、その遺留分の権利を放棄することです。

一方、相続放棄（**5**参照）は、財産を残す人が亡くなってから、相続人が相続権そのものを放棄する手続きのことです。

遺留分放棄を簡単に説明するなら「法律で最低限、もらえると約束されている遺産の金額を『いらない』ということ」ですので、これを相談者のケースに当てはめて伝えるとよいでしょう。

通常は、遺留分放棄というと被相続人の生前に相続人が家庭裁判所で遺留分放棄許可審判の申立てをすることを指しますので、ここではその点を中心に説明していきます。

① 遺留分放棄の具体例

本事例の相談者のケースに、具体的な数字を当てはめて説明しましょう。母、長男、長女の３人家族で、母の遺産が1億円とします。

子の法定相続分は２分の１、兄弟姉妹は長男、長女と２人なので長女の遺留分は４分の１です。つまり１億円の４分の１で2,500万円になります。母の相続手続開始に伴って、母の遺言を確認すると、長女に預金で1,000万円相続させると書かれていました。長女が遺留分放棄していたら、2,500万円と1,000万円の差額の1,500万円の遺産を取得する権利を失います。

② 遺留分放棄した場合に他の相続人への影響

民法1049条２項には「共同相続人の１人のした遺留分の放棄は、他の各共同相続人の遺留分に影響を及ぼさない。」と規定されています。つまり、相続人の１人が遺留分放棄しても、他の相続人の遺留分の変更はないということです。

⑵ 遺留分放棄のメリットと注意点

次に、遺留分放棄のメリットと注意点について整理しましょう。遺留分放棄は、相続人の間での財産上のトラブルを回避するという、非常に有効な活用法でもあります。しかし、その手続きについては家庭裁判所に申立てを行うという複雑な要素もあるため、注意を払う必要があります。

① **遺留分放棄のメリット**

遺留分放棄によるメリットは、被相続人が相続人の１人にある程度の財産を集中させたいという意思が実現できる点です。また、相続が始まってから遺留分について相続人との間でトラブルが発生するのを回避することができます。被相続人による遺言書作成と相続人による遺留分放棄をセットで行うとより効果的といえるでしょう。

例えば、母が父の死後、父の会社経営を引き継ぎ、母の相続人は長男、長女の２人、長男は母の会社経営に従事して、長女は他家へ嫁いでいる場合です。母は長男に会社経営を継がせ、財産のほとんどを長男に相続させたいと遺言書に書いたとします。一方、長女には遺留分があり、遺留分を請求すると長男の会社経営の資金的な面で支障が発生するおそれがあります。長女に遺留分を放棄してもらうことで、母は長男にほとんどの財産を残すことが可能になり、長男が会社経営するのに必要な財産を相続することができます。

② **遺留分放棄の注意点**

遺留分放棄の注意点もあります。相続人が遺留分放棄を納得し、被相続人の意思どおりの相続をしたとしても、相続人の立場からすると本来もらえるはずの最低限の財産すらもらえなくなります。

また、遺留分を放棄しても相続放棄をしたことにはならず、被相続人に負債があれば負担しなければならないので要注意です。

❷ 遺留分放棄の手続き

(1) 遺留分放棄許可審判の申立て

被相続人の生前に遺留分放棄をする場合、被相続人の住所地を管轄する家庭裁判所に、遺留分放棄許可の審判申立てを行います。この場合、被相続人が遺留分権利者へ遺留分の放棄を迫るなど不当な干渉をする可能性があるので、厳密な手続きを必要としています。

①　家庭裁判所の許可

家庭裁判所が遺留分放棄の許可を認めるには、ある程度の条件を満たす必要があります。まず、本人の意思に基づくものであるか。申立ての理由に合理性や相当性があるか。このような点から慎重に判断して許可を出すか否かの検討がなされます。

被相続人と相続人がよく話し合い、お互いの立場を尊重してよく理解し、納得した上で申立てをする必要があります。

②　遺留分放棄の取消し

被相続人の生前に遺留分放棄が許可された場合、被相続人の死後、許可の取消しや撤回はできません。しかし、被相続人の生前であれば、遺留分放棄の許可を得た時と、客観的にみても事情が変わり、申立人が遺留分放棄することが実情に見合わないときに、改めて家庭裁判所に申立てを行い、遺留分放棄の許可を取り消してもらうことができます。

(2)　被相続人が亡くなった後に上記と同じ効果を得る方法

被相続人が亡くなった後に上記(1)の遺留分放棄と同じ効果を得る方法もあります。この場合は、家庭裁判所の許可等の手続きは必要ありません。遺留分権利者が他の相続人に対して、遺留分を請求しないことを意思表示すればよいのです。また、単に遺留分侵害額請求権を行使しないという方法もあります。

①　遺留分放棄の意思表示

亡くなった後に、他の相続人に対し遺留分権利者が意思表示をする際、法律上、書面等は不要ですが、トラブル防止のために、念書や証明書等を作成して他の相続人に意思表示をしたほうがよいでしょう。

② 遺留分侵害額請求権を行使しない

遺留分侵害額請求権は、遺留分を侵害された法定相続人が、受遺者又は受贈者に対して、遺留分侵害額に相当する金銭の支払いを請求できる権利です（民法1046①）。この遺留分侵害額請求権を行使しなければ、遺留分に相当する財産は受け取ることができません。なお、遺留分侵害額請求権には時効があります。相続の開始及び遺留分を侵害すべき贈与や遺贈があったことを知った時から１年間（知らなかった場合は10年間）、この権利を行使しなければ権利は消滅します（民法1048）。

❸ 遺留分放棄を円滑に進めるためのポイント

遺留分放棄をすると、相続人は最低限の権利ともいえる遺留分権を失うことになります。一方で、被相続人の希望に沿った財産分けには有効な手段であるといえるでしょう。遺留分放棄を円滑に行うために、いくつかのポイントがありますので、以下にまとめます。

⑴ 遺言書の意図を説明し理解を求める

遺留分放棄してもらう場合、十分説明を尽くし、納得してもらうことが最も必要なことです。強制的に放棄を迫ってやらせることは、法的問題を生み、結果的に家庭の不和や後々の相続人同士の揉め事につながりかねません。

① 遺言の作成過程を丁寧に

遺言書を作成する際、遺言によって財産の分け方、どうしてその遺言の内容にいたるのか、なぜその相続人に遺留分放棄を求める必要があるかなどを十分に説明し、理解と納得を得られるようにする必要があります。

② 遺留分に見合う財産を生前に渡しておく

遺留分放棄をする者に対して、生前に遺留分に見合うような財産を渡しておくこともよい方法です。計画的な生前贈与をすることがその代表例です。

⑵ 生前に財産目録を整理しておく

遺言書の作成にも関連しますが、財産目録等はしっかり整理しておく必要があります。特に被相続人の生前の遺留分放棄許可審判の申立て時には財産目録の添付が必要となります。

⑶ 借入金等の負債は確認必須

遺留分を放棄しても相続人であることは変わらないため、借入金等の負債を引き継ぐことになります。借入金等の負債は被相続人の生前中に整理しておくことが望ましいでしょう。

遺留分放棄は、お母様が生きているうちにあなたが「母の財産はいらない」と意思表示することです。まずは、会社経営をしているお母様とお兄様と３人で話し合い、お２人から具体的な説明を聞いてみたらどうでしょうか。遺留分放棄をするには家庭裁判所での手続きが必要なので、相続の専門家に相談する必要があります。

コンサルタント

相談者

わかりました。しっかりと話し合ってみます。亡くなった父、母や兄が経営している会社も大切だし、遺留分を放棄することの内容を確認してみます。

◆顧客対応のヒント◆

遺留分放棄の相談を受けたら、なぜ必要なのか、その背景にあるものをしっかり確認する必要があります。また、被相続人の意思を相続人に十分説明し、みんなが納得して手続きを進める必要があります。また、遺留分放棄する相続人には、十分な配慮を忘れず、専門家に頼んで円滑に手続きを進めることが大切です。

20 法定相続分

相続診断士　粟生　菜摘

相談者

先日兄と、父の相続について話をしていたら、「母の法定相続分は父の財産の半分くらいだから、残りの半分を２人で分けることになるね」と言っていました。「法定相続分」という言葉、聞いたことはあるのですが、よくわかっていません。教えていただけませんか？

「法定相続分」とは、亡くなった人（被相続人）の財産や財産の一部を、法定相続人が法律で定められた割合で相続することを指します。

そして通常は、被相続人の配偶者（夫又は妻）や子など被相続人と一定の関係にある人が法定相続人として法定相続分を取得することになります。

コンサルタント

相談者

先生、「法定相続分」について教えてほしいのですが、私と兄以外にも父と一定の関係にある人が受け取ることができる場合があるというのはどういうことですか？

母と私と兄以外にも、父の財産を受け取る人がいるということでしょうか？

法定相続分について詳しく教えてほしいと相談者が話しているのに対して、他の親族や法的に認められた関係にある人も法定相続分を受け取れるという新たな情報を説明したことで、相談者はより混乱してしまいました。

相談者の家族構成に即して、具体的に説明してあげることが肝心です。

❶ 法定相続分とは？

法定相続分とは、民法に基づいて法定相続人に遺産が分配されるべき割合を示すもので、被相続人との関係性や法定相続人の人数によって決まります。

■ 図表20－1　法定相続分

相続順位	法定相続人と法定相続分	
第１順位	配偶者 ２分の１	子 ２分の１ を人数で分割
第２順位	配偶者 ３分の２	直系尊属（父母、祖父母等） ３分の１ を人数で分割
第３順位	配偶者 ４分の３	兄弟姉妹 ４分の１ を人数で分割

具体的な例を使って説明します。被相続人の遺産が１億円だとします。法定相続人が妻と子２人の計３人の場合、妻が遺産の２分の１に当たる5,000万円をもらうことができます。残りの5,000万円は子の頭数で分けます。子が２人いる場合、２人で半分ずつなので（２分の１×２分の１）、2,500万円ずつもらうことができます。

このように、法定相続分は被相続人の財産を法定相続人に公平に分けるためのルールです。しかし、法定相続分とは異なる遺産分割協議をすることもできますし、遺言がある場合は、それに従って分けられることもあります。また、法定相続分は遺言がある場合の遺留分算定の基礎にもなります。

❷ 法定相続分について、トラブル回避のために気を付けること

以下のポイントに留意することで、法定相続分に関するトラブルを最小限に抑えることができます。

⑴ 相続手続きの遵守

法定相続分を受け取るためには、相続手続きを正しく行う必要があります。遺産分割協議が正しく行われなかった場合や相続放棄をした場合など、適切な手続きを行わないと法定相続分を受け取れない場合があります。また、相続手続きには期限があることも覚えておきましょう。

⑵ 遺言の存在確認

相続人が遺言を作成している場合には、相続人が実際にもらえる遺産は法定相続分とは異なることがあります。遺言に財産の分配方法が記載されている場合には、それに従って相続手続きが進められます。被相続人が亡くなったら速やかに遺言の存在や内容を確認することが重要です。

⑶ 専門家にアドバイスを求める

相続には複雑な法律や手続きが関わることがあります。特に、財産や家族構成が複雑な場合は、士業の専門家の助言を受けることをお勧めします。専門家のアドバイスに基づいて相続手続きを進めることでトラブルを回避できます。

⑷ 公正な対応を

法定相続分は、公平な分配を行うことを目的としています。家族間のトラブルを避けるためにも、公正かつ透明な分配を心掛けま

しょう。また、争いや不和を引き起こさないよう、相続人とのコミュニケーション、話合いを大切にしましょう。

法定相続分で分けますと、お母様にはお父様の遺産の半分、そしてあなたとお兄様には残りの財産が均等に分けられます。具体的な分配方法を例で説明しますね。お父様が１億円の財産を持っていらっしゃったとします。この場合、お父様の財産の半分である5,000万円がお母様に相続されます。そして残り5,000万円の半分の2,500万円があなたに、残りの2,500万円がお兄様に相続されます。

コンサルタント

相談者

よくわかりました。やはり兄の言っていたとおり、母には遺産の半分が相続され、残り半分を兄と私で均等に分ければ法定相続分どおりということですね。

◆顧客対応のヒント◆

①　言葉遣いをシンプルに：法律用語は避け、日常的な言葉を使用して説明してください。法定相続分を一言で言い換えると、「遺産の分割において、法律で決められた分割の割合や取り分のこと」です。
②　具体的な例を用いる：抽象的な説明よりも具体的な例を用いて説明する方が、クライアントにはわかりやすいです。
③　図などを使用する：視覚的な説明が有効な場合もあります。特に「法定相続分」のような割合に関する概念は、視覚的に示すとわかりやすいです。
④　クライアントの状況を考慮する：クライアントの家族構成や財産状況によって、法定相続分の影響は異なります。クライアントの状況に合わせて、説明をカスタマイズすることが大切です。
⑤　相続のルールは複雑で、１人ひとりの状況によって最善の対策は変わります。だからこそ、プロのアドバイスを得ることが重要です。

21 検　　認

相続診断士　**浜田　政子**

相談者

主人が亡くなり、遺品整理をしていたら、「遺言書」と書かれた白い封印された封筒が出てきて。主人の自筆に間違いないと思うのですが、長男にそのことを話したら「開封したらダメだよ」って言うんです。遺言書をどうしたらいいのでしょうか？　このまま開封しないで置いておくこともできないし……。

公正証書遺言とは違い、自筆証書遺言は「検認」の手続きをする必要があります。その場合、遺言書を預かっていた者、又は、発見した相続人は、遅滞なく家庭裁判所に「遺言書の検認」を申し立てる必要があります。

コンサルタント

相談者

検認？　主人が書いたのがわかっているのに、申し立てるって何か面倒くさいわ。手続きしないで開けたらダメな理由がわかりません。

それに、よくテレビドラマでは自宅で見つかった遺言書を開けているシーンが出てきますが、あれは間違っているんですか？

相談者は、夫の筆跡で書かれている遺言書が「検認」という聞きなれない手続きをしなければ開封できないと聞いて戸惑っています。また、テレビドラマの中では開封しているのに、実際には手続きが必要と説明され納得がいきません。

このようにテレビやマスコミの影響で間違った認識を持っている場合もよくあります。そのことを踏まえて、具体例を用いたり他の言葉に言い換えたりしてわかりやすく説明しましょう。

❶　検認を簡単に説明すると

「検認」という専門用語は、相談者にはなじみがない言葉です。専門家はつい、こんな言葉くらい理解できるだろうと思い込んで話を進めてしまいがちですが、本事例もそんなケースに当たります。

例えば、本事例の「検認」であれば、「この自筆証書遺言の存在や内容を検査して、認めてもらうことを検認といいます」と説明しながら実際に紙に「検査」「認める」と書き、頭文字を強調するなどして説明すると伝わりやすいでしょう。最初の言葉さえ理解できれば、相談者はその後の説明にも前向きに聞く姿勢を持つものです。

検認について民法では、下記の用に規定しています。

●民　法

（遺言書の検認）

第1004条　遺言書の保管者は、相続の開始を知った後、遅滞なく、これを家庭裁判所に提出して、その検認を請求しなければならない。遺言書の保管者がない場合において、相続人が遺言書を発見した後も、同様とする。

2　前項の規定は、公正証書による遺言については、適用しない。

3　封印のある遺言書は、家庭裁判所において相続人又はその代理人の立会いがなければ、開封することができない。

本事例のケースでも、発見者である相談者自身が家庭裁判所で手続きを行う必要があります。

❷ 具体的な手続きの仕方

相談者が用語について理解した後、具体的な手続きの仕方を説明しましょう。

ただし、この場合も法律用語や専門的な説明を避け、わかりやすく伝えることを心掛けてください。

■ 図表21－1　遺言書の検認手続き

STEP 1	**遺言書を発見したら……** ➡まず、他の相続人（家族）に連絡しましょう。
STEP 2	**他の相続人に知らせたら……** ➡司法書士や弁護士などの専門家に相談しましょう。
STEP 3	**専門家に相談したら……** ➡相続人と被相続人（遺言者）の戸籍謄本を取得した上で、「検認手続き」を申し立てましょう。
STEP 4	**検認手続きの申立てを行ったら……** ➡相続人に対して裁判所から検認期日（検認を行う日）の通知が行われますので、その連絡を待ちましょう。
STEP 5	**裁判所から検認期日の通知があったら……** ➡検認当日、申立人から遺言書を提出し、相続人の立会いのもと、裁判官により遺言が開封され、遺言書の検認が行われます。
STEP 6	**遺言書の検認が終わったら……** ➡検認が終わったことを証明する「検認済証明書」の申請を行いましょう。

①　本事例のケースでは、発見者である相談者が被相続人の最後の住所地にある家庭裁判所において検認手続きを行うこと。

なお、相談者の場合の管轄の家庭裁判所がどこになるのかを調べて知らせると喜ばれます。

管轄の裁判所は、以下のサイトから調べることができます。

➡ https://www.courts.go.jp/saiban/tetuzuki/kankatu/index.html

② 検認手続きには申立書・遺言者と法定相続人の戸籍謄本などが必要となることを伝えます。

必要書類は口頭ではなくメモ書きなどにし、以下のように代表的なものを提示しましょう。

☑遺言者の出生時から死亡時までのすべての戸籍（除籍、改製原戸籍）謄本

☑相続人全員分の戸籍謄本

☑申立書

また、手続きについては裁判所の HP で確認することができることも伝えてください。

➡ https://www.courts.go.jp/saiban/syosiki/syosiki_kazisinpan/syosiki_01_17/index.html

③ 家庭裁判所より相続人全員に対して郵送で検認期日の通知が届き、家庭裁判所にて遺言書の検認をし、検認証明書が発行されます。

具体的には、家庭裁判所で遺言書が開封され、遺言書の内容や体裁が確認されたり、出席者に保管方法を尋ねたりします。検認期日の内容は検認調書に記録され、裁判官が遺言書の確認を行い、遺言書の存在を法的に認めるために遺言の検認済証明書が作成されます。遺言書は、検認済証明書付きの検認調書があって初めて相続を執行することができます。

❸ 注意事項として伝えておきたいこと

相談者はテレビドラマなどをみて、自筆証書遺言を発見した際、その場で開封してもよいと思い込んでいます。

検認されていない自筆証書遺言を金融機関等に持ち込んでも、金

融機関等では手続きができず、財産を遺言書どおりに移転することはできません。

検認の意味をわかりやすく伝えるだけではなく、検認をしなかった場合、どのような不利益を相談者自身が被るかを同時に説明して納得してもらいましょう。

検認を行わなかった場合に、どうなるかを以下にまとめました。

こちらも口頭で説明するのではなく、メモ書きを渡すようにしてください。

- ☑ 検認の前に開封してしまった場合には、5万円以下の過料が科される可能性があること。
- ☑ 検認を行わず開封しただけでは、自筆証書遺言が必ず無効になるわけではないが、他の相続人から偽造や隠匿等を疑われ、争族に発展する可能性があること。
- ☑ 不動産の名義変更や預貯金の解約等の相続手続きに使用することができないため、相続手続きが行えないこと。

相談者は自分にとって不利益となることがきちんと理解できれば、思い込みから抜け出して、前に進むことができるものです。

テレビドラマなんかでは、自筆証書遺言をその場で開けてしまっているシーンがよくありますよね。あれは、ドラマを面白おかしく盛り上げるための演出で、実際には先ほどご説明したとおり、検認を行わないと、ご主人様の財産を遺言に書いてあるとおりに奥様や息子さん名義に変更できないことをご理解いただけましたか？

コンサルタント

相談者

はい！　すっかりドラマに騙されるところでした。
検認は自宅などの不動産や預貯金を遺言に書かれているとおりに、私と長男に変更するためにも大切な手続きだと理解できました。メモも助かりました。読み返して手続きが難しかったら、またご相談します。

◆顧客対応のヒント◆

専門用語を説明する際には、わかりやすい言葉に言い換えるだけではなく、図やイラストを用いて説明し、その内容をメモ書きするなどして相談者が何度も理解できるまで読み返せるようにすることも大切です。また、手続きを行わなかった際に相談者が被る不利益を説明することで、理解が深まることもあります。
ぜひ、「何もしなければどうなるのか？」をイメージできるような説明の仕方を工夫してください。

22 相続税の基礎控除

相続診断士　金澤　嘉宏

相談者

　先日、自宅と預金だけでも相続税がかかるという新聞記事を見て、心配になりました。私は、今住んでいるマンションと預金を1,000万円ほど所有しています。マンションの売買価格は4,000万円程度ではないかと思います。
　２人の子供たちが負担する相続税はどのくらいになるのでしょうか？

コンサルタント

　相続税はすべての方にかかる税金ではなく、基礎控除を超える財産を持つ方に発生する税金です。現金や預金は相続発生時の残高で計算しますが、不動産については時価ではなく相続税評価額で計算します。
　お客様がお持ちのご自宅や預金は基礎控除を超えそうですか？

相談者

　すべての人に相続税がかかるわけではないのですね。
　ところで、先程の基礎控除というのは何でしょうか？　私の場合、どのくらいになるのでしょうか？
　また、「相続税評価額」というのは、毎年届く固定資産税の書類に書いてある金額のことですか？

　「相続税は必ずかかるもの」という誤解をしている人が少なくありません。本事例の相談者も、自分には必ず相続税が発生し、それがいくらになるのかを心配しています。場合によっては相続税がかからないこともあると聞いて混乱し、また不動産の評価方法についても理解が追い付いていません。特に、「基礎控除」「相続税評価額」といった聞きなれない専門用語が、相談者の理解を妨げているようです。

❶　相続税の基礎控除

ある相続対策についてのセミナーで、「相続税は基礎控除を超えた方にかかる税金です」と講師が伝えたところ、セミナーのアンケートにて、「基礎控除という言葉の意味がわからなかった」という回答が多く寄せられたそうです。

相続の相談を受ける際、「相続税の基礎控除」に触れる機会は多いのですが、相談者にとっては馴染みのない言葉の一つです。

ここでは、「相続税の基礎控除」をわかりやすく伝える方法について触れていきます。

❷　相談者が理解できなかった原因

本事例で、相談者が理解できなかった原因は、以下の点にあると考えられます。

①　相談者が自身にも相続税がかかると認識していた点
②　不動産の売買価格で相続税の計算を行うと認識していた点
③　相続コンサルタントが説明する際、「基礎控除」「相続税評価額」という専門用語を、相談者が知っている前提で使用している点

(1)　相続税がかかる場合の定義

相続税は、相続や遺贈によって取得した財産及び相続時精算課税の適用を受けて贈与により取得した財産の価額の合計額（債務などの金額を控除し、相続開始前３年以内（令和９年～12年は令和６年１月１日～相続開始日までの期間、令和13年以後は相続開始前７年以内➡**23**参照）の暦年課税による贈与財産の価額を加算）が基礎控除額を超える場合に、その超える部分（課税遺産総額）に対して課税されます。

多くの相談者は、相続税は死亡者全員にかかる税金であると誤解

しており、相続税の基礎控除を知らないケースも多く見受けられます。

(2) 財産の評価に対する誤解

相続税の対象となるプラスの財産の中には、現金・預金、不動産、有価証券、自動車、宝石・貴金属、各種会員権等があり、財産状況は十人十色です。また、本事例の相談者のように、不動産は売買価格で評価されると認識している方もいます。

このように、相続税の基礎控除、財産の評価について誤認や、制度を知らない一般の方がいますので、面談時には相談者に合わせて一つずつ理解度を確認しながら話を進める必要があります。

本事例のケースであれば、相続税の基礎控除について理解してもらい、その後、財産の評価についての説明を行うことで相談者の誤解を解くことができます。

❸ 相続税の基礎控除をどう説明するか

(1) 相続税の基礎控除・財産評価の定義・趣旨

相続税の基礎控除額は、〈3,000万円＋(600万円×法定相続人の数)〉の算式で計算され、この金額を超える課税遺産総額に対して相続税が課税されます。

財産の評価については、国税庁が示す財産評価基本通達に沿って財産の金額を評価し、相続税の金額を計算します。

(2) 説明の仕方

上記(1)のように相続税の基礎控除、財産の評価について説明をしても、一般の方が理解をすることは困難です。専門用語を避け、例え話を交えながら説明を行うことで、相談者の理解を得ることができます。本事例のケースでは、以下のような説明が効果的です。

① 相続税の基礎控除についての説明

「相続税は亡くなった方全員にかかる税金ではなく、財産の総額が一定の金額を超えた場合に発生する税金であることをご存知でしょうか？

この一定の金額のことを『基礎控除』と言いまして、〈3,000万円＋(600万円×法定相続人の数)〉の計算式で計算されます。

お客様の場合、お子様２人が相続人ということですので、〈3,000万円＋(600万円×２人)＝4,200万円〉となります。つまり、お客様の財産総額が4,200万円を超えると相続税が発生するということです。

そして、財産総額につきましても、相続税においては通常の財産の考え方と、異なる考え方となりますので注意が必要です。」

相続税の基礎控除の金額については、計算が必要になりますので、口頭で説明するだけでなく、下記のように書いて説明を行うことで、短い時間でも理解を深めることが可能となります。

・基礎控除額

3,000万円＋600万円×法定相続人の数

〈相続人が配偶者と子供２人だった場合〉

3,000万円＋600万円×３人＝4,800万円

②　財産評価についての説明

相続税の基礎控除について理解が得られた後、財産評価についての説明に移ります。

「相続税を計算する際、お持ちの財産の種類によって、時価の計算方法が異なるものがあります。お客様の場合ですと、自宅マンションがこちらに該当します。

不動産については、売買の際によく目にする売買価格ではなく、相続税を計算するために国税庁が定めた特別な方法で評価を行い、財産の金額を計算します。一般的に、この特別な方法で評価した金額は売買価格よりも低くなることが多いと言われています。

具体的な評価額につきましては、税理士の先生に計算してもらう

ことができますので、一度ご相談されることをお勧めします。」
不動産の評価についても口頭による説明だけでは理解が難しくなるため、図表22－1のような具体例を用いて説明を行うことで理解を深めてもらいましょう。

■ 図表22－1

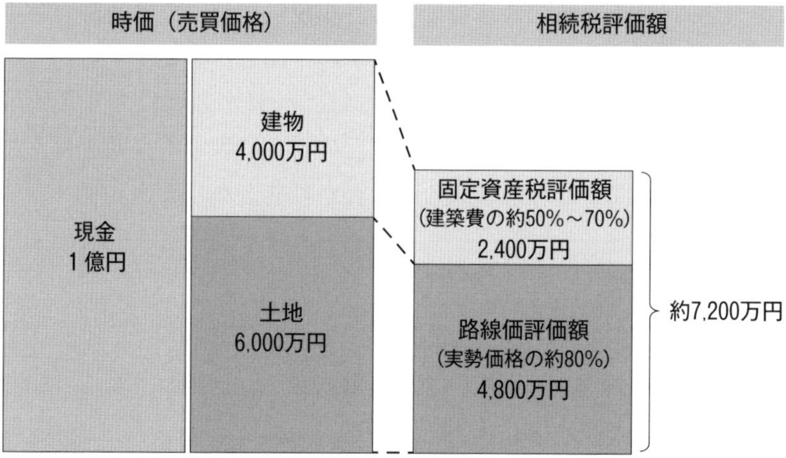

時価資産1億円が約7,200万円に！

(3) 説明時の注意点

注意が必要なのは、相談者から口頭で伝えられた財産状況を元に説明を行っている点です。相談者によっては、相続財産に加算される贈与を行っているケースなどもありますので、相談時に聞いた内容を元にした仮の内容に基づく話であること、詳細な計算を行う場合には、各専門家による詳細なヒアリングや、資料の確認をする必要があることについて、説明と配慮が必要です。

相続税は、財産の総額が一定の金額を超えると発生する税金となりますので、すべての方にかかる税金ではありません。
また、自宅マンションは相続税を計算する際、特別な方法で計算を行いますので、一般的に売買価格よりも金額が低くなることが多いと言われています※。
よろしければ、税理士の先生を交えて計算をしてみませんか？

コンサルタント

※ただし、マンションの相続税評価については、令和６年以後の相続・贈与から、市場価格の60%を下回る相続税評価となる場合は、60%まで補正されることとなっています。

相談者

そういうことなのですね。
不動産の金額も含めて、私の財産に相続税がかかるのかどうか、ぜひ、税理士の先生を交えてお話を聞かせてください。

◆顧客対応のヒント◆

相続税の基礎控除について、相続相談に対応する専門家の中では常識である内容も、相談者にとっては、知らない場合や誤解している場合が多く見られます。
まずは、相談者に理解してもらえるよう、専門用語を使わずに伝える方法を考えてみましょう。
特に、口頭での説明だけでなく、図を使い、実際に相談者の家族構成に落とし込んで説明を行うことで、相談者の理解をより深めやすくなります。

23 相続時精算課税制度

行政書士・上級相続診断士　藤井利江子

相談者

私の父は生前に何も相続対策をしていなかったため、相続の際には高額な相続税を支払いました。そこで、私自身の相続対策として、同居している息子に今年から毎年100万円の贈与を行う予定でした。しかし、調べてみると2,500万円まで税金が一切かからない制度があるのを知ったんです。この制度を利用すれば、生前に自宅を息子に贈与しても税金がかからないということで、間違っていませんか？

コンサルタント

あなたから息子さんへの贈与ですね。相続時精算課税制度を適用すると、累計2,500万円までの贈与は贈与税がかかりません。ただし、ご自身の相続が発生し、相続税申告が必要な場合、相続時精算課税を適用した贈与は相続発生時の財産に加算され、相続税の対象になります。また、自宅をこの制度で生前に贈与すると、相続税申告時に土地の相続税評価額を減額できる「小規模宅地等の特例」が適用できなくなります。

相談者

相続時精算課税制度？　いったい何を精算するんでしょうか？

しかも、生前に私が息子に贈与した財産で名義も息子の名義になっているのに、私が死んだら私の財産に加算されるとはどういうことですか？　生前に贈与した意味がなくなりますよね。

相談者は贈与した財産が非課税になるという情報しか持っていません。2,500万円までなら贈与税は非課税ですが、相続時に加算されるため節税対策にはならないこともあるという説明が必要です。それも含めて相続時精算課税制度と暦年課税の仕組み、メリット、デメリット、相続税申告時に適用できる特例など、横断的な説明も求められるでしょう。また、令和６年１月１日以後の贈与は、相続税法の改正により大幅に変更されています。その点も説明していきましょう。

❶　贈与・贈与税とは

民法549条に「贈与は、当事者の一方がある財産を無償で相手方に与える意思を表示し、相手方が受諾することによって、その効力を生ずる。」とあります。つまり、無償で「渡します」「受け取ります」とお互いの意思が確認できれば財産の移転が行われる、これが贈与です。

贈与税は、財産を無償で取得した人に対し課税される税金の種類で、相続時精算課税と暦年課税の２種類があります。

(1)　相続時精算課税制度とは

相続時精算課税制度は、ある一定の要件のもとで生前贈与によって祖父母や両親から次世代の子や孫へ財産を移転させ、その財産の有効活用を通じて消費を活性化させることを目的とした制度です。

つまり、高齢者層が持っている財産を、まとまった財産を必要としているタイミングで子や孫世代へ生前贈与し消費に充ててもらうことで、経済活動の活性化につながることを期待しているのです。

相続時精算課税は誰でも適用できる制度ではなく、要件が細かく定められています。

まず、贈与者は贈与する年の１月１日現在60歳以上の者であり、贈与を受ける人（受贈者）は、贈与する年の１月１日現在18歳以上の贈与者の推定相続人である直系卑属又は孫であるという要件を満たせば制度を適用することができます。また、１贈与者につき累計2,500万円までを特別控除額として、贈与税の負担なしで生前に財産を受け取ることができます。１贈与者とは、例えば祖父母双方からの贈与について相続時精算課税を適用すると、祖父から2,500万円、祖母から2,500万円の合計5,000万円の贈与を税負担なしで受けることができるということです。また、2,500万円を超える贈与を行った場合、超過分は一律で贈与税20％の課税になります。

この制度の目的は贈与税の軽減ではなく、若年層への早期の財産移転を促すことによる経済活動の活性化であるため、贈与者に相続が発生した時には生前贈与財産を相続財産に加算して相続税の課税を行うことで精算することになります。要するに、「相続時に精算して課税するから相続時精算課税制度」と説明するとよいでしょう。

一つ例を挙げると、相続時精算課税によって生前に2,000万円贈与していた贈与者が亡くなり、相続発生時の財産額が3,000万円、相続人は２名とします。相続税の基礎控除額は〈3,000万円＋600万円×２名＝4,200万円〉ですので、相続発生時の財産額のみだと3,000万円で基礎控除額以下となり、相続税申告は必要ありません。しかし、相続時精算課税適用額の2,000万円を加算することにより5,000万円となり、相続税申告が必要となるわけです。

贈与者の相続が発生した時に相続時精算課税を適用した贈与額と贈与者の財産の合計額が相続税の基礎控除額以内に収まっていれば相続税も課税されないため、結果的に贈与税も相続税も払う必要はなくなります。

なお、相続時精算課税と暦年課税は贈与する際にどちらかを選択して適用することができますが、一度相続時精算課税を選択するとその年以降は暦年課税へ戻ることができないので注意が必要です。

さらに見落としがちな注意点として、相続税申告時に「小規模宅地等の特例」が適用できなくなるということがあります。小規模宅地等の特例は、土地の相続税評価額を最大80％減額できるというものですが、土地を相続や遺贈により取得していることが要件の一つとなっています。相続時精算課税により土地を贈与した場合には適用できなくなるため、高額な土地を所有している場合は、安易に相続時精算課税を適用せず、専門家の意見を聞いて検討しましょう。

⑵　暦年課税とは

暦年課税は１月１日から12月31日までの１年間に贈与を受けた金額により課税される方式です。相続時精算課税制度のような要件はなく、誰に対しても贈与できる制度です。贈与を受け取った人１人につき年間110万円以下であれば、贈与税の基礎控除という非課税枠があり申告は不要です。例えば父から110万円、母から110万円を子１人が同じ年に贈与を受けたとします。子が受け取った贈与額は父母合わせて220万円になり、贈与税の非課税枠は110万円なので残りの110万円には贈与税が課税されます。誰から贈与を受けるかで計算方法が異なり、贈与額に応じて税率が変わる超過累進課税により計算されます。

また、贈与者が亡くなり相続税申告が必要になれば、相続発生日から遡って３年以内に贈与した財産（下記❸参照）は、贈与者の財産に加算して相続税を計算することになります。贈与した金額が110万円以内であっても非課税扱いにはならず、すべて相続財産に加算されますので注意が必要です。ただし、この加算の必要がある対象者は、「相続、遺贈によって財産を取得した人」となっています。相続人ではない孫（遺贈によって財産を取得した人を除きます）へ贈与していれば持戻しの対象とはなりません。

❷　令和５年度税制改正のポイント

令和５年度税制改正により、相続時精算課税及び暦年課税について、以下のような改正が行われました。いずれも令和６年１月１日以後の贈与により取得する財産について適用されます。

⑴　相続時精算課税の見直し

累計2,500万円までの特別控除枠とは別に、年間110万円までの「基礎控除」が追加されました。また、金額にかかわらず贈与すると毎回贈与税申告が必要でしたが、年間110万円までの贈与であれば贈与税申告は不要になります。

また、相続税申告時における相続時精算課税適用の土地又は建物の加算額は「贈与時の評価額」とされていましたが、改正後は、贈与の日から相続税申告期限までの間に災害により一定の被害を受けた場合は、被害を受けた部分に関して贈与時の評価額から控除することができるようになりました。

(2) 暦年課税の見直し

生前に贈与があった場合、相続財産に贈与額を加算する期間が3年から7年に延長されました。ただし、3年超7年以内の延長された4年分の贈与財産については、贈与額から100万円を控除した金額を相続財産に加算することとなりました。

■ 図表23－1

項　目	相続時精算課税	暦年課税
制度趣旨	早期に高齢者の保有する資産を子や孫世代に移転し、その有効活用を通じて経済社会の活性化に繋がるのを期待している。	生前贈与することで相続税の課税を逃れようとする行為を防ぐ意味で相続税を補完する役割。
贈与者	贈与する年の1月1日時点で年齢60歳以上	制限なし 誰でも可
受贈者	贈与を受ける年の1月1日時点で18歳以上の贈与者の直系卑属（子や孫）	制限なし 誰でも可
控除額	受贈者ごとに年間110万円（基礎控除） 贈与者ごとに累計2,500万円（特別控除）	受贈者ごとに年間110円（基礎控除）
税　率	一律20%	10～55%の超過累進税率
利用時の手続き	相続時精算課税選択届出書の提出	不要
贈与税の申告要否	基礎控除内の場合は申告不要	基礎控除内の場合は申告不要
相続財産への加算	基礎控除分を除く相続時精算課税制度を適用した贈与財産すべて加算（期間制限なし）	基礎控除分を含む相続開始前3年以内（令和9年～令和12年は令和6年1月1日～相続開始日までの期間、令和13年以後は相続開始前7年以内）の贈与財産すべて加算 ただし3年超7年以内の贈与財産に関しては総額100万円まで控除
相続財産への加算評価額	贈与時の評価額	相続発生時の評価額

(3) 相続時精算課税と暦年課税の改正後の比較概要

相続時精算課税と暦年課税の改正後の比較は、前頁図表23－1を参照のこと。

あなたの場合、同居している息子さんへ自宅不動産を渡す方法として、生前に相続時精算課税を適用する、もしくは相続税申告の際に小規模宅地等の特例を適用して渡す方法が選択肢として考えられます。不動産以外の財産も含めて現状ではどちらがトータルで支払う税金が少なくなるかを確認してみてはいかがですか。

コンサルタント

相談者

そうですね。100万円ずつの贈与を考えていたところ、2,500万円特別控除になる制度を知って、飛びつきそうになりました。制度の内容や注意点なども含め、どのような方法がよいのか、税理士さんの意見も聞きながら考えていこうと思います。

◆顧客対応のヒント◆

相談者は自分に都合の良いことだけを情報として採り入れがちですので、ヒアリングをしながら相談者の知識の整理をしていきましょう。同じ財産を渡すにも、タイミングを誤ると高額な税金を払うことになりかねません。長い目で見てメリットとなる選択肢を提供していくことが大切だと考えます。

24 換価分割

行政書士・上級相続診断士　藤井利江子

相談者

　先日、母が亡くなりました。母の自宅は、誰も住まなくなるので売ってお金に換え、それを分けようと思っています。残された家族は私と兄だけですので、売れたお金は半分ずつ分けることに決めました。ただ、兄が遠方に住んでいるため、私がすべての手続きを進めていく予定にしています。まずは何をしたらいいでしょうか？

　ご自宅を売却した金銭を分けるということは「換価分割」ですね。
　まず、不動産の相続登記が必要になります。お兄さんと遺産分割協議をして不動産をいったん妹さん名義にした後に売却という流れになります。

コンサルタント

相談者

　換価分割というのですね。
　それより、「遺産分割協議」？　初めて聞く言葉でよくわからないですが、それはどのように進めていけばよいのですか？
　私１人で手続きを進めることはできますか？

　相談者は、兄と不動産を売却して２人で分けたいだけですが、専門家からの聞きなれない言葉で混乱してしまいました。
　残された家族である兄も遠方に住んでいるため、今後は難しい手続きを１人で決めていかなければならないかもしれないという不安が大きくなってしまったようです。

❶　換価分割とは

「換価分割」とは、相続財産を売却により現金に換え、その現金を相続人間で分ける分割方法のことをいいます。この分割方法にすることが特に多いのは、本事例でもあるように不動産です。つまり「現物では分けにくい」が「お金に換えることが可能」な財産を「お金に換えて分ける」という方法です。このように、言葉を言い換えて説明するとわかりやすいでしょう。

❷　換価分割をするための手順

換価分割をするかどうかは、遺産分割協議を取り交わす前に決めておく必要があります。換価分割をするためには、先に遺産分割協議によって相続登記をしなければならず、相続登記をするためには、遺産分割協議書の作成が必要になるからです。そのためには、遺産分割協議書の作成段階で、どの不動産を換価分割するかを記載する必要があります。具体的な流れとしては、図表24－1に示すとおりです。

このように、図を用いて説明すると、言葉だけで説明するより相

■ 図表24－1　換価分割の手順

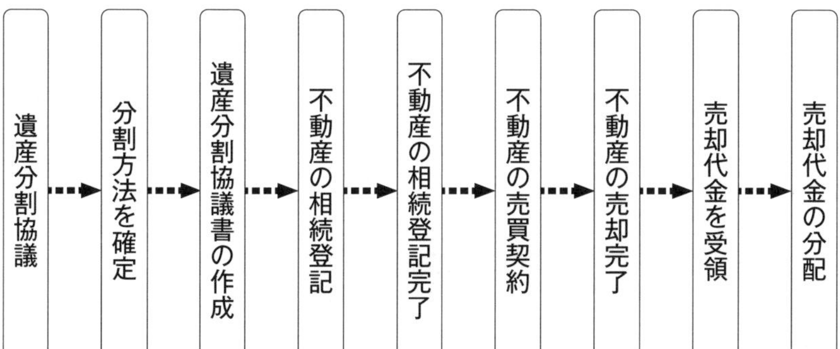

談者が理解しやすいでしょう。

❸ 分割方法による違い

(1) 本事例における分割方法

本事例では「代償分割」「換価分割」の二つの方法を検討することができます。どちらの方法でも「お金を渡す」ということに違いはありませんが、「不動産の所有者」「売却の決定権者」「売却代金の受領者」「各種税金の負担者」に違いがあります。相談者へ説明をするため、この違いをしっかりと理解しておきましょう。以下では、本事例における分割方法による違いについて解説します。

この違いを説明する場合には、表を用いて説明すると、相談者が理解しやすいでしょう。

① 代償分割

相談者が「１人で自宅を相続」し、その代償金として推定する売却金額の２分の１を兄に支払う方法です。

この方法では、相談者が１人で相続できるので、第三者への売却時期、売却方法、売却金額、手続きなどすべてを相談者が１人で決定し、進めていくことが可能です。

注意点は、代償金を準備する必要があること、自宅を相続したのはあくまで相談者ですので、自宅の売却により利益が生じた場合、申告及び納税をすべて相談者が行う必要があることです。

■ 図表24－２　代償分割

不動産の所有者	相談者
売却の決定権者	相談者
売却代金の受領者	相談者
各種税金の負担者	相談者

（注）相談者から兄へ、代償金の支払義務：有

②　換価分割

相談者が「換価する目的として不動産を相続」し、受け取った売却代金の２分の１の金銭を兄に分配する方法です。

この方法では、相談者が１人で相続して売却することもできるので、売却時期、売却方法、売却金額、手続きなどすべてを相談者が１人で決定し、進めていくことが可能です。また、自宅の売却により利益が生じた場合、申告や納税を持分の割合に応じて２人で按分することができます。

■ 図表24－３　換価分割

不動産の所有者	相談者
売却の決定権者	相談者
売却代金の受領者	相談者
各種税金の負担者	相談者・兄

（注）　相談者から兄へ、換価代金の分配義務：有

注意点は、売却を進める際に「もっと早く売却できないのか？」「買主と直接交渉をした方がよいのでは？」「もっと高く売れたのでは？」など意見の相違がある場合には、トラブルになる可能性があります。

⑵　分割方法を決めるためのポイント

このように、分割方法によって「お金に換えて分ける」ということでも違いがあります。この分割方法を決めるためのポイントは、家族関係です。

①　家族関係：良好

相談者と兄の信頼関係が良好であれば、換価分割がお勧めです。すべての手続きを相談者と兄が協力し合って進めることができ、売却代金や税金の負担等の収支を按分することができるからです。

②　家族関係：不安又はやや不安

信頼関係がない場合、又は、信頼関係はあるがすべてを任せるま

での信頼関係がない場合には、代償分割がお勧めです。ただし、相談者には、代償金の支払いが可能かの確認をする必要があります。代償金の準備が難しい場合には、相談者の売却後に代償金を支払ってもらう旨の約束をしておくべきですが、その場合には売却までの期限を決めることが望ましいです。

❹ 説明をする上での注意点

本事例において、相談者の希望は「母の住んでいた自宅は、売却した後に兄と２人で半分ずつにしたい」ということでした。しかし、ポイントとなる兄との家族関係を聞く前に、換価分割という方法を安易に選んでしまうと、後々に手続きが滞ることや税金の負担が大きくなってしまうことがあります。なぜなら、相談者と兄との関係が良好でなければ、一緒に第三者に売って代金を分けるという行為がスムーズにいかないからです。本事例に限らず、相続において家族関係は手続きを進める上でとても重要です。相談者と兄の関係を聞くためにも、なぜ家族関係が重要なのかを説明できるようにしておきましょう。

また、相談者と遠方の兄が遺産分割協議をするためには、相談者が兄に分割方法の違いを説明できなければなりません。相談者からの説明がうまく伝わらないことで、トラブルになるケースも少なくありません。相談者へ説明した図や表を持参してもらい、兄へ説明するために使用してもらうなどの工夫も必要です。

　不動産を売却してお金を分ける方法は、表と図で説明したとおり、方法がいくつかあります。
　表と図はお持ち帰りいただいて結構ですので、お兄さんと話をして、どの方法で進めるか検討してみてください。
　分割の方向性が決まりましたら、信頼できる司法書士を紹介させていただき、手続きを進められるようにいたします。

コンサルタント

相談者

　ありがとうございます。いろいろな方法があり、どの方法も良い点と気を付ける点があるのがわかりました。
　さっそく兄と話をしてみます。方法が決まりましたら連絡をさせていただきます。ぜひ、司法書士さんをご紹介ください。

◆顧客対応のヒント◆

「代償分割」「換価分割」など、聞きなれない専門用語は極力用いず、わかりやすい言葉に言い換えての説明、図表を用いるなどの工夫が必要です。
　また、遠方の家族と話合いが必要な場合には、説明に使用した図表を相談者にお渡しすることで、家族間での話合いがスムーズに進むことがあります。渡すことができる資料を作ることも心がけましょう。

25 普通養子・特別養子

相続診断士　竹内　誠一

相談者

私は先祖代々の土地を守っていますが、結婚はしたことがなく子供はいません。お恥ずかしい話ですがきょうだい仲が悪く、弟は散財して財産をなくしてしまう可能性が高く困っています。遠縁で、最近両親を交通事故で同時に亡くした子（14歳）を養子にして今から一緒に生活し、いずれは跡を継がせたいのですが、養子にする方法、また養子にした時のメリット・デメリットを教えてください。

コンサルタント

大切に守ってきた先祖代々の土地を残すために養子縁組を考えたいということですね。
大切な土地ですから、信頼できる方に残して継いでもらいたいお気持ちはよくわかりますが、残念ながらお客様はお一人身のため特別養子縁組は難しく、普通養子縁組となり、戸籍には養子と記載されてしまいます。

相談者

養子に種類があるんですか？　普通とか特別とか、どちらでもいいので、私の子にできるようアドバイスをお願いします。

相談者は、先祖代々の大切な土地を、遠縁の両親を亡くした子にいずれ継がせたいと考えています。どうすれば、それが実現できるのかという相談です。当然、「普通養子」「特別養子」の区別や特徴等の知識もありません。まずは相談者の心中を十分に察し、その上でそれぞれの要件や注意点を表等を用いて対比しながら伝え、弟への対応も含め相談者が安心できるような方策を案内しましょう。

❶　養子縁組の種類

養子縁組には、普通養子と特別養子の二つがあります。

このことをメリット・デメリットが一目でわかる表等を用いて、対比しながら説明することで、理解しやすくなります。

(1)　普通養子

普通養子の意味については､以下のように説明するとよいでしょう。

普通養子縁組は、養親と養子の同意により成立し、戸籍上において養親とともに実親が並記され、実親と法律上の関係が残る縁組形式です。つまりは、養子であることが戸籍上わかるという意味で、「特別」ではない養子縁組です。

■ 図表25－1　普通養子のメリット・デメリット

メリット	デメリット
● **独身者でも養親可能** ● **実父母との親族関係継続** 実父母との法律上の親子関係は継続する。 ● **本人同士の合意でＯＫ** 当事者の合意で成立する（市区町村への届出は必要)。 ● **養子縁組の解消可能** 当事者の同意で解消できる。 ● **養子の年齢制限なし**	● **戸籍に養子であることが記載される** 実親の名前と養子であることが記載される。

(2)　特別養子

特別養子縁組は、昭和48年に望まない妊娠により生まれた子を養親に実子としてあっせんしたことを自ら告白した菊田医師事件等を契機に、子の福祉を積極的に確保する観点から、戸籍の記載が実親子とほぼ同様の縁組形式をとるものとして、昭和62年に民法改正により導入された縁組形式です。

特別養子縁組は、養親を希望する夫婦が、養子となる「子の利益のために特に必要がある」と家庭裁判所に認められた場合に成立します。基本的には子の利益（実親の養育が困難、悪意の不利益を受けているなど）など、特別の事情がある場合に成立します。

「特別」と付くだけあって、実親が戸籍からはわからなくなり、実子と同様の記載となるなど、まさに「特別に考慮された養子縁組」といえます。

■ 図表25－2　特別養子のメリットとデメリット

メリット	デメリット
● **実子となる** 戸籍には実子と同様に記載される（長男、長女など）。 ● **法定相続人数は無制限** 子の利益のための制度であるため何人迎えても法定相続人として扱う。	● **養子は15歳未満** 原則、養子にする者は申立て時に15歳に達していない必要がある。 ● **手続きに時間がかかる** ６か月間の試験養育期間と家庭裁判所による審判が必要。 ● **養親は婚姻関係が必要** 子の利益のための制度であり、配偶者がいることが要件となる。

❷　養子縁組と相続税基礎控除

養子縁組をすることにより法定相続人の数が増えると、相続税控除額や非課税枠が大きくなります。現時点では法定相続人が１人増えるごとに600万円。つまり養子にすることで基礎控除額を増やすことができるのです。ただし普通養子の場合、法定相続人の数に含められる養子の数は、実子がいる場合は１人まで、実子がいない場合は２人までという制限がありますので、注意が必要です。

(1)　普通養子と法定相続人

普通養子縁組では、実父母との親子関係は継続します。そのため養親と実親と両方の法定相続人になることができます。

(2)　特別養子と法定相続人

特別養子縁組では、実父母との親子関係は終了します。そのため実親の法定相続人にはなれず、養親の法定相続人にしかなることはできません。ただし、特別養子は法定相続人の人数制限はありませんので、養子となった人がすべて法定相続人の数に含まれます。

〈養子の検討に当たり、考慮すべき主な要素〉

- 本人同士が納得しているか（同意を得られているか）。
- いざというときに争族にならないために、他の相続人の理解は得られているか。

先祖代々の大切な土地を遠縁のお子さんに継いでもらいたい、残したいとのお気持ちから養子縁組をご検討されたとのこと、お察しいたします。
お客様はお一人身のため普通養子となり、戸籍には養子と記載されますが、法定相続人になるので、ご安心されることと思います。ただ、後々揉めたり養子となったお子さんへの風当たりも考え、養子縁組をされる前に、弟さんにはご説明されることをお勧めします。

コンサルタント

相談者

私の気持ちをご理解いただき、有難うございます。
また、養子縁組の制度についてもよくわかりました。また、争いや揉め事にならないように弟の理解を得られるように話合いを持つのも大切ですね。いろいろと有難うございました。

◆顧客対応のヒント◆

相談者は、今抱えている、あるいは将来の問題に不安を感じ、相談に訪れます。その問題を解決する制度をわかりやすく説明し、現状の条件に適した対応策をご案内することが求められます。
本事例のような養子に関する相談の場合でも、「普通養子」と「特別養子」の違いを知らない人がほとんどです。まずは、言葉や制度の理解をしてもらえるように、その違いやメリット・デメリットについてわかりやすく説明していきましょう。
その上で、子の福祉・利益のための養子なのか、相続や相談者の都合による養子なのか、どのような目的なのかを確認し、適切な対応策を案内すると、相談者の理解が得られやすいでしょう。

26 準確定申告

相続診断士　諸隈　元

相談者

先日、夫が亡くなりました。個人で飲食店を経営していたのですが、毎年３月の確定申告も含め、事務全般はすべて夫が行っていました。夫に任せきりでしたので、私はどうすればよいのか、途方に暮れています。夫が亡くなったことで、取り急ぎ何かやらなければならないことはあるのでしょうか？

コンサルタント

はい、「準確定申告」をしていただく必要があります。準確定申告は、１月１日から故人の死亡日までに発生した収入に関して確定申告を行うものです。申告時期は相続の開始を知った日の翌日から４か月以内と決められていますので、早めに準備しなければなりません。申告は被相続人の代わりに、相続人が行います。

相談者

準確定申告？　通常の確定申告とは違う申告をしなければならないのですね。ちなみに、相続人は私と２人の子供の３人なのですが、やはり私が申告することになるのでしょうか？　また、準確定申告を行うと、毎年３月の確定申告は行わなくてもいいのですか？

相談者は、いきなり準確定申告の話をされたので困惑しています。事務全般についてよくわからないようなので、通常の確定申告について触れた上で、準確定申告の話をしたほうがよいでしょう。また、相続人の確認をしてから、相続人の中から代表者を決めて連署によって申告する方法と、相続人１人ひとりがそれぞれ申告する方法があることも伝えておくべきでしょう。

❶　確定申告と準確定申告

⑴　確定申告

確定申告とは、１年間の収入から経費等を差し引いて所得を算出し、そこから納める税金の額を計算して税務署に申告する手続きのことです。所得税、法人税の他、消費税の確定申告もあります。相談者のように個人事業主の場合は、所得税の確定申告が必要になります。

①　所得税の確定申告

所得税の確定申告とは、１年間の収入から必要経費を差し引いた金額を所得として計算し、その所得金額に応じた税率の所得税を申告することです。個人事業主の場合、年間の売上げから、仕入代金や通信費、旅費交通費その他の経費を差し引くことで、所得を求めることができます。所得税の確定申告は、原則として２月16日から３月15日の間に行うと決められています。

②　所得税の確定申告が必要な者

- 年間の合計所得金額が48万円を超える個人事業主・フリーランスの者
- 一定以上の雑所得や一時所得がある給与所得者、年金受給者
- 一定以上の公的年金を受け取っている者
- 年収2,000万円を超える給与所得者
- 副業などで年間20万円以上の所得がある給与所得者
- 給与や退職金から所得税が源泉徴収されていない給与所得者

⑵　準確定申告

準確定申告は、基本的に所得税の確定申告が必要な者が死亡した場合に必要になります。準確定申告の方法は、一般的な確定申告とほぼ同じですが、被相続人の代わりに、収入関係の書類と控除に必要な書類の準備をし、１月１日から被相続人が死亡した日までの所

得金額を計算して、その所得金額に応じた税率の所得税の申告を相続人が行います。

①　準確定申告の申告期限

確定申告をしなければならない者が翌年の１月１日から確定申告期限（原則として翌年３月15日）までの間に確定申告書を提出しないで死亡した場合、準確定申告の期限は、前年分、本年分とも、相続の開始があったことを知った日の翌日から４か月以内となっています。

相続開始日の日付によっては、準確定申告が２回必要になるケースもあります。１月から３月までの間で、前年度の確定申告を行う前に被相続人が亡くなった場合には、相続人が準確定申告を２回行わなければなりません。

②　準確定申告を行う相続人

相続人が複数いる場合は、相続人全員が連署して代表者が準確定申告をする方法と、相続人それぞれが個別に準確定申告をする方法があります。

連署で行う場合は、最初に相続人の代表者を選んで必要書類の作成を委任し、相続人全員の連署の上、代表者が申告します。

相続人それぞれが個別に準確定申告を行う場合は、相続人１人ひとりが必要書類を準備して申告書を作成し申告します。その場合、申告書の内容をそれぞれの相続人との間で統一して作成する必要があります。

準確定申告は４か月以内に申告しなければならないこともあり、申告を相続人それぞれ行うよりも、代表者を選出して申告書を作成する方法が一般的です。

❷　準確定申告の注意点

相続が開始した場合、準確定申告が必要なのか不要なのか、準確定申告は不要であるが申告を行ったほうが相続人にとってメリットがあるのかを見極める必要があります。給与所得者で源泉徴収をされている者等、準確定申告が不要な者でも、医療費控除やふるさと納税、配偶者控除や扶養控除など一定の控除を受けている者であれば、準確定申告を行うことによって所得税の還付を受けることができる場合があります。

この場合は「還付申告」になるため、準確定申告の申告期限である、相続の開始を知った日の翌日から４か月以内を過ぎても、死亡した年の翌年から５年間は還付申告ができます。

ただし、還付を受けることができた場合、還付金は相続税の申告対象になるため注意が必要です。

❸　準確定申告をわかりやすく説明するために

準確定申告について理解してもらうためには、まず確定申告についての説明からするのがよいでしょう。確定申告という言葉は耳にしても、その仕組みや意味を理解している方は多くないと思われます。

毎年１月１日から12月31日までの１年間の収入や売上金額から、その収入を得るためにかかった必要経費（仕入れ、購入費、通信費、仕事上の交通費など）をマイナスし、医療費控除、扶養控除、配偶者控除等をしたものが所得になること、その所得金額に応じた税率を掛けて算出した所得税を申告する必要があること、そしてその申告が確定申告であることを説明しましょう。

その上で、準確定申告の「準」については、被相続人に代わって相続人が確定申告を行うという意味合いで「準」という文字がついている、などと説明されてはいかがでしょう。

また、確定申告とは少し違うところがあって、申告期間が１月１日から死亡した日までの所得を計算すること、相続人が死亡したことを知った日の翌日から４か月以内に申告しなければならない決まりがあることを伝えるのがよいでしょう。

プラス１

相続関係図をきちんと書いてますか？

初回のヒアリングをする際に、相続関係図はきちんと書いていますか？　筆者は必ず､話を聞きながら相続関係図を書くようにしています。その上で、年齢・職業（現役時代含む）・どこに住んでいるか、誰と同居しているか、家族の仲や性格・趣味など、初回には相続の相談とは一見関係のないようなことまで最低でも１時間は時間をとってヒアリングします。

なぜなら、目的は信頼を得ることだからです。いくら相談に来られても受任に繋がらなければ、仕事にはなりません。

そのためにもまずは、初回のヒアリングで「私はあなたとあなたのご家族に興味があります。あなたのご家庭の相談にしっかり乗るためにもあなたのことを知りたいのです」ということを感じてもらう必要があると考えています。

その第一歩が、相続関係図です。そこに書かれている下の名前でお子さんやお孫さんのことをお呼びすると顔がぱっと明るくなる、そんな光景を何度も見てきました。

また、相談者の理解力や判断能力を図るうえでもいろんなお話をすることは大切です。

ぜひ、相続関係図を書き、相談者の背景を知り、その上で対策を進めてください。人は自分に興味のある人に心を開くそうですよ。

説明時のワンポイントアドバイス

①　相続関係図を書きながらいろんな質問をして信頼関係を築く。

②　話をしながら相談者の理解力や判断能力を掴み、相手のレベルに合わせた説明を心掛ける。

（一橋香織）

相続人が共同で申告しなければならないことに決まっていて、代表者を決めて、その代表者に委任して相続人全員の連署をして申告する方法と、相続人１人ひとりがそれぞれ申告する方法があることを説明し、どちらが良いのかを考えていただくことも重要になります。

毎年行っている確定申告は１年分の収入から必要経費などを引いた所得金額で所得税を申告するのですが、準確定申告は１月１日からお亡くなりになられた日までの分を最後に申告するという制度です。申告は相続人が共同で行うのですが、代表を決めて申告する方法と、相続人それぞれが行う方法があります。期限が相続の開始を知った日の翌日から４か月以内と決められていますので、早めのご準備が必要ですね。

コンサルタント

相談者

やはり亡くなった日までの所得税を最後に申告しなければならないのですね。来年申告するのではなく、「４か月以内」の期限があるということなので、誰が準確定申告するのかを話し合って早めに申告したいと思います。

◆顧客対応のヒント◆

所得税の確定申告を行っていることを確認していただき、確定申告を平易に説明した上で、確定申告を行っている方が亡くなった場合、１月１日から亡くなった日までの所得税を最後に申告する必要があること、その申告は相続人が共同で行うこと、申告期限があることを、確定申告と比較しながら説明するとよいでしょう。

27 共有分割

行政書士・上級相続診断士　**高橋　正芳**

相談者

母が亡くなりました。相続人は私と妹の２人です。母は生前「兄妹２人で仲良く助け合っていってほしい。私の財産は２人で平等に相続してね」と言っていました。母の遺産は、わずかな預金と自宅不動産です。私たちは、母の意を汲んで平等に相続したいと思っています。母の遺産をどのように分けたらいいのでしょうか？

今回のケースでは、遺産分割には三つの方法が考えられます。不動産を売却した金銭を分割する「換価分割」。不動産を取得した相続人がもう一方の相続人へ金銭を渡す「代償分割」。相続人が不動産を共有する「共有分割」。最も簡便でわかりやすい方法が共有分割です。しかし、将来、兄妹で意見が分かれた場合等のデメリットもあるため注意が必要です。

コンサルタント

相談者

私たちは今後も母の自宅を持ち続けるつもりですし、お金に換えるつもりはありません。また、私が妹にお金を渡したり、妹が私にお金をくれるというのも現実的ではありません。その共有というのは、何が共有なんでしょうか？　一緒に使えるから？　何かデメリットはあるんですか？　デメリットがなければ共有がいいかな〜。

亡き母の遺産を平等に相続したいという相談です。自宅不動産があるため平等な相続は簡単ではありません。しかもお金に換えるつもりもないようです。専門家から共有分割のデメリットを強調されましたが、十分な説明もないため理解できていません。顧客に対して共有分割のメリット・デメリット等、詳細な説明が必要です。顧客に理解させるための説明を行ってみましょう。

❶ 遺産分割の四つの方法

顧客に共有分割の説明をするには他の分割方法との比較が必要です。四つの方法について整理します。

① 現物分割

相談者に説明する場合は、「自宅不動産が複数あるとすればそれをそのまま現物を分ける方法です」と言い換えて説明しましょう。

② 換価分割

相談者には「自宅不動産を売り、お金に換えてその売った代金を分ける方法です」と言い換えてみましょう。

③ 代償分割

相談者には「自宅不動産を相続した人が不平等にならないよう他の相続人にお金を支払う方法です」と言い換えてみましょう。

④ 共有分割

相談者には「自宅不動産を相続人で仲良く共同の名義にして相続する方法です」と言い換えてみましょう。要するに不動産は一つでも、皆のものになるわけですね。

❷ 共有分割

本事例のように、相続人全員で平等に相続したいケースは少なくありません。平等な相続を実現する方法として共有分割は簡便で、わかりやすい方法です。一方で将来、相続人には予想もしなかった問題が発生することもあります。

共有分割のメリット・デメリットを整理してみます。

⑴ メリット

① 平等な遺産分割ができる

遺産の中で不動産が多くを占めている場合、一部の相続人が不動産を取得してしまうと、他の相続人が法定相続分を確保することができません。

相続人は、不動産を共有相続することで、平等な相続を簡便かつわかりやすく実現することができます。

②　共有者それぞれが空き家の譲渡所得の3,000万円特別控除が使える

相続により取得した被相続人居住用家屋又は被相続人居住用家屋の敷地等を売却した場合で、一定の要件に当てはまるときは、譲渡所得の金額から最高3,000万円まで控除することができます。対象となる空き家を相続人が共有している場合、各相続人は3,000万円（令和６年１月１日以後、相続人３人以上の場合には2,000万円）の譲渡所得控除を受けることができます。

⑵　デメリット

①　共有者の意見が合わないと、売却・賃貸等ができない

例えば、共有者の１人が不動産を売却したいと思っても、他の共有者が同意しなければ売却できません。

相続時は相続人同士の仲が良かったとしても、不動産をめぐる意見の相違によって関係が悪化するケースもあります。

②　固定資産税の負担について話合いが必要

不動産が共有の場合、固定資産税は共有者が連帯納税義務を負います（地方税法10の２②）。ほとんどの自治体では、納税通知書は代表者へ送付され、代表者が納税します。このため、共有者間で固定資産税の負担について、話合いが必要になります。

③　共有者に相続が発生した場合、権利関係が複雑になる

共有者それぞれに相続が発生した場合、その共有者の相続人が新しい共有者になります。

例えば、共有者２人に相続が発生し、それぞれ２人の相続人がいた場合、共有者が４名になります。不動産の維持管理、処分するためには、共有者４名で話し合うことが必要になり、意思決定が複雑

になります。

以上のように説明することで、顧客の理解が進みます。

しかし、抽象的な説明であるため理解が難しい顧客もいるはずです。そのような場合、事例を用いることで理解を促しましょう。

❸ 事例による検討

■ 図表27－1

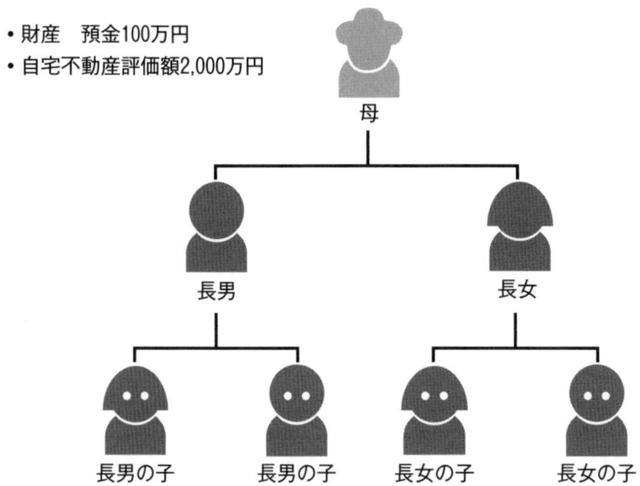

⑴ 分割方法の検討

① 換価分割

自宅を2,000万円で売却して得た金銭を兄妹で1,000万円ずつ平等に分割し、預金は50万円ずつ分割する方法です。しかし、兄は自宅を持ち続けることを希望しているため、この方法を使うことはできません。

② 代償分割

兄妹のいずれかが1,000万円をもう一方へ支払うことで自宅を取得し、預金は50万円ずつ分割する方法です。しかし、兄妹とも金銭のやりとりは現実的ではないと考えているため、この方法を使うことはできません。

③　**共有分割**

長男と長女は自宅をそれぞれ２分の１の割合で取得し、預金も同様に取得する方法です。これにより自宅を所有し続けることができ、誰も金銭を用意する必要がなく平等な相続をすることができます。この方法であれば、兄妹の希望が叶えられそうです。

(2)　共有分割から生じるデメリット

共有分割なら兄妹の希望が叶いそうですが、仲の良かった兄妹に、以下のようなことが起こる可能性があります。

①　**処分方法について意見の相違**

長男は自宅を持ち続けることに負担感を感じるようになったため、売却をしたいと考えました。一方で長女は自宅を賃貸することで賃料収入を得たいと考えました。

兄妹の意見が割れてしまい結論が出ません。結果、自宅不動産は活用することができず、塩漬け状態になってしまいます。

②　**長男・長女が死亡**

長男と長女が死亡し、自宅不動産の持ち分は、それぞれの相続人が相続します。長男・長女とも相続人が２人おり、かつそれぞれが共有分割を選択すると共有者が４人になります。自宅の売却をする場合、共有者４人の合意が必要となり、権利関係が複雑になります。１人でも合意が得られない場合、自宅不動産はやはり塩漬け状態になってしまいます。

＊　　　＊　　　＊

以上のように、共有分割は平等な相続が実現しやすい反面、将来起こり得るデメリットについても、丁寧な説明が必要になります。

共有分割とはあなたと妹さんの共同の名義にする方法ですね。これは、平等な相続が実現しやすい反面、将来、不動産を動かす時に意見が分かれて塩漬けになることもあります。今、お2人の関係が良かったとしても、将来も同じような関係が続くとは限りません。メリットとデメリットをしっかりと理解した上で、遺産分割の方法を選択することが大切なのです。

コンサルタント

相談者

よくわかりました！　確かに今は仲が良くても、将来のことはわかりませんし、子供たちの代になるとさらにどうなるかわかりませんよね。教えていただいたことを妹にも話してみて、どうするか決めたいと思います。

◆顧客対応のヒント◆

相談者は法律用語や専門用語が出てくると混乱します。そのような場合は、相談者の家族関係に落とし込んだ事例を用いて家族関係図とともに説明することで理解が深まります。また、専門用語の言い換えも相手の理解度を図りながら行うとよいでしょう。

28 特別縁故者

上級相続診断士　一橋　香織

相談者

　20年近く一緒に生活を共にしてきた内縁の夫が急死しました。
　夫には別れた奥さんがいますが、子も親もきょうだいもなく、私しか家族と呼べる人はいません。「遺言を書かないとね」と言っていた矢先に心筋梗塞であっという間に亡くなり……。夫の財産は私の物にはなりませんか？

コンサルタント

　それは、大変でしたね。まずはお悔やみ申し上げます。
　その場合は、「特別縁故者」に認められるかどうかがポイントです。認められたとしても、すべての財産が受け取れるかどうかは家庭裁判所の判断によります。場合によっては一部となってしまうこともあります。

相談者

　「特別縁故者」？　私、血縁関係はありませんが、それでも認めていただけるのでしょうか？
　それに、認めてもらえても一部しかダメと言われる可能性もあるってことですか？　内縁の夫の財産のうち、特に一緒に住んでいた思い出が詰まった自宅がもらえないと困るんです。

　相談者は内縁関係の夫の急死により、夫の財産を自分が受け取れるか心配をしています。そこに専門家から「特別縁故者」という聞きなれない言葉を聞かされ、重ねて財産が一部しか取得できないかもしれないと言われ、悲嘆に暮れてしまいました。

❶　特別縁故者とは

まず、相談者は専門用語が理解できないことを想定し、なるべく他の言葉に置き換える癖をつけておきたいものですが、本事例のケースでは「特別縁故者」を「相続人ではなくても故人の財産を受け取れる特別なご縁にある人」と言い換えてみてはどうでしょう。

その上で、用語の意味をかみ砕いて補足説明をすることが大切です。

(1)　特別縁故者の定義

民法では、特別縁故者について次のように規定しています。

● 民　　法

（特別縁故者に対する相続財産の分与）

第958条の２　前条の場合において、相当と認めるときは、家庭裁判所は、被相続人と生計を同じくしていた者、被相続人の療養看護に努めた者その他被相続人と特別の縁故があった者の請求によって、これらの者に、清算後残存すべき相続財産の全部又は一部を与えることができる。

２　前項の請求は、第952条第２項の期間の満了後３箇月以内にしなければならない。

原則として、被相続人に相続人がいない場合は、誰も財産を受け取れず、最終的には国庫に帰属します。

ただ、被相続人と「特別に親しいご縁のある人」がいる場合は、条件によって受け取れる「特別縁故者」が民法で認められています。

(2)　特別縁故者の要件

「特別縁故者」には誰でもなれるわけではなく一定の要件があります。要件を見ていきましょう。

① 被相続人と生計を一にしていたもの

相続人と同居し生計を共にしていた内縁の配偶者や同性のパートナー、養子縁組していない配偶者の連れ子等がこれに該当します。

② 被相続人の療養看護に当たったもの

被相続人の生前に身の回りの世話や介護を献身的に行った者がこれに該当し、自宅や介護施設に通って世話をした者であれば、親族でなくても認められることがあります。ただし、報酬をもらっていた場合は該当しません。

③ その他、被相続人と特別密接な縁故にあったもの

その他、生前に被相続人と特に親しく交流していた知友人など、特別な関係にあると家庭裁判所が認めれば特別縁故者となる場合があります。

また、学校法人・宗教法人・地方公共団体・福祉法人等が認められるケースもあります。

(3) 特別縁故者であることの証明

判断は申立てに応じて家庭裁判所が行うので、申立てをしなくても自動的に「特別縁故者」となるわけではありません。申立ての条件を見ていきましょう。

① 被相続人と生計を一にしていたことを証明

同居年数がわかる住民票で、生計を一にしていたことを証明します。内縁関係であったとしても住民票に「妻（未届）」「夫（未届）」と記載されていれば大丈夫です。

相談者には、この点をしっかり伝えましょう。

② 被相続人の療養看護に当たったものである証明

以下の資料により証明することとなります。

☑医療費・介護費用の領収証
☑療養看護のために被相続人宅に通った際の交通費の領収証等

☑SNS・メールなどを通じて献身的に療養看護していたことがわかるやり取りの内容等

③　その他、被相続人と特別密接な縁故にあったものである証明

以下の資料により証明することとなります。

☑親密な関係であったことがわかるやり取り（SNS・メール・手紙等）もしくは日記への記載や写真等
☑被相続人が財産を譲る意思があったことがわかる記録（遺言書・手紙・エンディングノート等）

(4)　相続財産管理人選定から相続人不在確定までの流れ

特別縁故者として財産分与を受けるまではステップがあり、多くの場合、被相続人が亡くなった日から１年以上を要するのが一般的です。具体的な流れとしては、図表28－１のとおりです。

■ 図表28－１　相続財産管理人選任から相続人不存在確定までの流れ

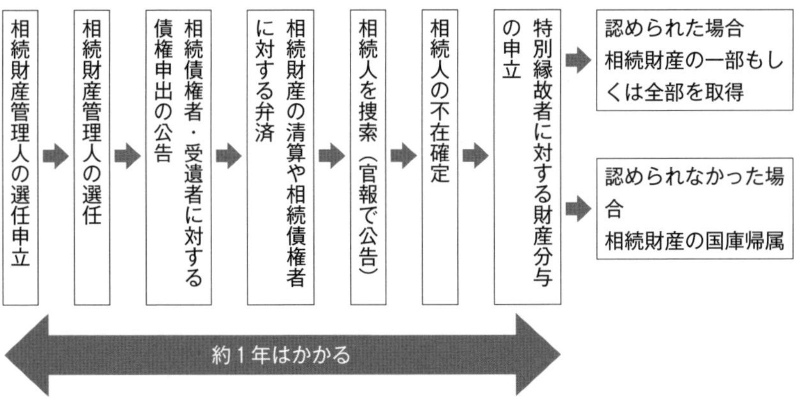

このように図を用いて説明すると言葉だけで説明するより相談者には理解しやすいでしょう。

具体的な申立方法は裁判所のHPでも確認できますが、申立期間が相続人の不存在が確定してから３か月以内であることや、手続きが煩雑で難しいため、弁護士などの専門家に依頼するほうがよいということを伝えてください。

➡ https://www.courts.go.jp/saiban/syurui/syurui_kazi/kazi_06_16/index.html

❷ 説明をする上での注意点

本事例の相談者のケースでは、被相続人である内縁の夫は遺言作成の必要性を感じていたようです。ただ、残念なことに作成前に急死してしまいました。

このケースのように気が付いている場合は速やかに公正証書遺言等で、内縁の妻に自分の財産を遺贈する旨を記載していれば、相続人がいないケースでは全財産を内縁の妻に渡すことができました。ただ、それをダイレクトに相談者に伝えることは、亡くなった夫への侮辱と感じ、気分を害されることもあります。伝えるとしても言葉を選んでください。

例えば、「ご主人がおっしゃっていたように遺言作成が間に合っていれば、自宅を含め財産はあなたのものになっていましたね。今回は誠に残念ですが、違う手続きが必要です。でも、その手続きをとれば、自宅があなたのものになる可能性があります、その方法をご説明しますから、あまり気に病まないでください」

――というような説明が好ましいでしょう。

だからと言って、そのことを弁護士等の専門家ではない相続コンサルタントが断言して伝えることは問題です。

あくまで可能性の話として説明し、弁護士等の専門家へと繋げていきましょう。

特別縁故者とは、「相続人ではなくても故人の財産を受け取れる特別なご縁にある人」ですね。

手続きに関しては先ほど図で説明したとおりですし、あなたは特別縁故者に該当する可能性が高いと思います。

もし、申立てをするのでしたら信頼できる弁護士を紹介します。また、この件が落ち着いたら是非、ご自身の対策も一緒に考えていきましょう。

コンサルタント

相談者

ありがとうございます。自宅を手放さなくていいかもしれないとわかり、少し安心しました。言葉の意味や手続きの流れは何となくわかりましたが、自分でやれるとは思えません。ぜひ、弁護士さんを紹介ください。

そうですね、落ち着いたら私自身のことも考えないといけませんね。

◆顧客対応のヒント◆

相談者に専門用語を説明する際は、相手の理解度をきちんと把握し、理解しやすい言葉に変換して、まずは聞く耳を持ってもらうことが大切です。

その上で、難しい手続きの流れなどは言葉のみで説明し、理解させることは困難です。図表などを用いながら、ゆっくりと相手の理解度を確認しながら話を進めていきましょう。

家庭裁判所の判断で決まるようなケースでは、「絶対に大丈夫」など誤解を与えるような表現は避けましょう。

29 特別受益

司法書士・相続診断士　上木　拓郎

相談者

私は、父の相続の際、遺産をめぐって兄や妹と揉めてしまいました。私の娘２人にはそのような経験をさせたくないので、相続対策をしています。長女が３年前マイホームを建てる際、建築資金として1,000万円を贈与しました。同時期に、次女には中学生の子が２人いるので、教育資金として孫たちに500万円ずつ贈与しました。私の資産を娘２人に平等に相続してもらいたいのですが、遺言書を残したほうがよいでしょうか？

コンサルタント

はい、遺言書を残したほうがよいでしょう。というのも、相続発生後、長女さんに贈与した1,000万円のみが特別受益に該当し、次女さんが長女さんの贈与分について特別受益の持戻しを主張した場合、あなたの死亡時の遺産にその分を加算した上で遺産分割協議を行い、その結果、次女さんが長女さんより遺産を多く相続することになるリスクがあるからです。

相談者

え？　長女と次女に平等に1,000万円を贈与したのに、どうして次女が長女より遺産を多くもらえるのですか。次女への贈与はなかったことになるのですか。そもそも、「特別受益」や「持戻し」とは聞いたことがありません。生前に贈与したお金が、どうして遺産の話合いに出てくるのかも理解できませんが。

相談者は、長女と次女に1,000万円ずつ生前贈与したつもりでおり、その贈与に問題があるとはまったく認識していません。それにもかかわらず、長女が遺産分割時に不利になるリスクがあると指摘され、理解が追いつかず、また、「特別受益」や「特別受益の持戻し」という聞きなれない専門用語の使用が困惑に拍車をかけている状況です。相談者が誤解していることがあると気づいたら、その部分の説明から入りましょう。

❶ 特別受益とは

特別受益は、相続後の遺産分割の場面で相続分を調整する制度ですが、遺言を作成する段階でも相続後に相続人間で特別受益の有無をめぐって争いが生じないかを検討する必要があります。

本事例では、相続コンサルタントが相談者に対して、特別受益の説明をしましたが、相談者がその説明によって困惑しています。そこで、困惑した原因を探りつつ、特別受益をどのように説明すれば相談者に納得してもらえるかを解説していきます。

❷ 相談者が困惑した原因

今回、相談者が困惑したのは、以下の３点が原因になるでしょう。

① 相談者が現時点で長女と次女に平等に生前贈与をしていると認識している点

② 上記①の誤解を解消せず、次女が長女より有利になると説明している点

③ 上記②の説明の際、「特別受益」や「特別受益の持戻し」という専門用語をかみ砕かず、使用している点

⑴ 贈与に対する誤解

① 贈与の定義

贈与とは、当事者の一方（贈与者）が自己の財産を無償で相手方（受贈者）に与える意思を示し、その相手方が受諾することによって効力が生じる契約行為です。一般の人の中で、「贈与者」と「受贈者」を家族単位で漠然と捉えているケースが多く見受けられます。

② 受贈者に対する誤解

今回の相談者は、「次女には中学生の子が２人いるので、教育資金として孫たちに500万円ずつ贈与しました」と話しています。相談者から教育資金として金銭の贈与を受けたのは、次女の子２名で

す。つまり、次女は受贈者になりません。それにもかかわらず、相談者は、「長女と次女に平等に1,000万円を贈与した」と主張しており、事実と認識の間にズレが生じています。

このズレが生じる原因は、相談者が次女の家族（次女自身を除く）に金銭を贈与すれば、次女に贈与した場合と同一の効力が生じると勘違いしているからです。本事例の相談者のように、贈与者や受贈者の特定を誤解したまま、贈与を行う一般の人たちがいます。

そのため、面談時に上記誤解があると判断したら、その都度、贈与の当事者を明確に特定してあげる必要があります。

今回のケースであれば、次女側の子（孫）２人に贈与したことが次女に贈与したことにはならないと説明し、誤解を解きましょう。

⑵　誤解から生じる想定外の事態

①　想定外の事態とは

相談者の誤解を解消した上で、何も対策しなければ、想定外の事態が起こるリスクがあることを伝えます。今回、想定外の事態とは、次女が長女に対して特別受益の持戻しを主張するリスクがあることです。

②　説明のしかた

特別受益の説明に入る前に、何も対策しないままに起こる結果を明確にすることが重要です。

「このまま対策をせずに相談者が死亡すると、贈与を受けていない次女が贈与を受けている長女に対して、父の遺産から1,000万円を優先してもらう権利があると主張できてしまいます」と伝えましょう。このように説明すると、相談者から「どうして次女がそのような主張ができるのですか？」と再質問が来るはずです。

❸　どのようにして特別受益を説明するか

⑴　特別受益の定義・趣旨

特別受益とは、一部の相続人だけが被相続人から受けた利益で、贈与、死因贈与や遺言がその対象です。この制度は、一部の相続人だけが被相続人から利益を受けた上で、法定相続分の割合によって遺産分割をすると、相続人間で不公平な結果になるため、公平に相続財産を分割するための制度です。

特別受益があるときは、相続財産に特別受益分の評価額を合算して計算し、特別受益を受け取っている相続人は、特別受益分を差し引いた額を取得します。これを「持戻し」といいます。

(2) 説明のしかた

ここで、(1)のように特別受益の説明をしたとしても、一般の人が理解することは非常に困難です。まずは、特別受益が民法で設けられた趣旨を相談者の事情を加味して説明しましょう。本事例の場合ですと、以下のような説明になります。

「相談者が死亡したときの遺産の総額が4,000万円だったとします。長女と次女の２人が相続できる割合は50%ずつです。そのため、長女と次女は遺産から2,000万円を相続することができます。しかし、次女の立場からすると、長女だけが父から1,000万円の贈与を受けており、相続前後で受け取る財産額が、長女のほうが自分より1,000万円多いという結果になり、このまま相談者の遺産を50%で分けるのは不公平ではないかということになります。そこで、相続のルールでは、長女と次女の遺産からもらえる金額を調整する制度があります。」

(3) 特別受益の持戻しの説明

特別受益の制度趣旨を説明した上で、持戻しの話に移行します。

「２人が遺産からもらえる金額をどのように調整するかというと、長女が受けた贈与の金額1,000万円を死亡時の遺産金額4,000万円に加えて、相談者の遺産の額を5,000万円とします。その上で、２人が50%ずつ相続すると、長女と次女ともに2,500万円を相続することになります。そして、長女は、2,500万円から生前に贈与を受けた金額1,000万円を引き、長女の相続額は1,500万円になります。そうすると、長女が相続できる額は1,500万円、次女が相続できる額は2,500万円となります。長女は生前に相談者から1,000万円を受け取っているため、トータルでみると次女と同額になります。これが相続分を調整する制度です。」

❹ 特別受益の持戻し対策

(1) 特別受益の持戻し対策とは

贈与者が持戻しを免除する意思表示をすれば、特別受益の持戻しの主張を防ぐことが可能です。この意思表示は口頭でも、また、明確な意思表示がなくても免除の意思が推認できる事実があれば、認められます。しかし、未然に争いを防ぐという観点からは、遺言や贈与契約書に免除の意思を残したほうがよいでしょう。

また、特別受益は、遺産分割時の相続分を調整する制度ですから、そもそも遺言によって遺産分割方法の指定をすれば、遺留分の問題は除き、特別受益の問題は生じません。

(2) 説明の仕方

それでは、次女が特別受益の持戻しを主張するリスク（想定外の事態）を回避する方法をどのようにアドバイスすればよいか、みていきましょう。

「相談者の死亡後、遺産から長女が1,500万円、次女が2,500万円をもらうというような差が生じることを予防する対策がありますので、ご安心ください。二つ方法があります。一つ目は遺言を残すことです。死亡後、長女と次女に遺産を平等に分配する旨の遺言を書きましょう。相談者が遺言を書くことによって、長女と次女が遺産の分配を話す余地がなくなり、次女が相続分を調整するよう主張することができなくなります。」

遺言で遺産分割の方法を指定することによって、特別受益の持戻しの問題が生じることを回避できるとアドバイスしましょう。

次に、持戻しの免除の意思表示も説明します。

「二つ目の方法としては、長女がマイホームを建てる際に贈与した1,000万円については、自分が死亡したときの遺産に含めないと一筆書く方法です。」

二つの方法をアドバイスした上で、どちらの方法が相談者の希望に叶うかを検討し、今後の対策を提案してください。

以前、長女さんと次女さんの子２名に行った贈与で後々、長女さんと次女さんがトラブルになることを防ぎつつ、あなたの資産が死亡後、長女さんと次女さんに平等に分配できるよう遺言書を残すことが、あなたの希望に一番叶うと思います。

コンサルタント

相談者

はい、次女は「自分だけ贈与を受けていない」などと言う子ではないですけど、私の遺産で２人には絶対に争ってほしくないし、遺産を平等に分配したいので、遺言を書きたいと思います。

◆顧客対応のヒント◆

相談者は得てして相続対策を誤解して行っていることがあります。まずは、その誤解を認識してもらいましょう。特別受益の制度は、用語と相続分の計算方法の説明が必要であるため、口頭で理解するのは難しいです。そのため、相談者の聴き取りした事実をもとに図を書きながら、具体的に説明すると相談者が納得しやすいです。

30 名寄帳

上級相続診断士　小林　幸生

相談者

　夫の父が3か月前に亡くなり、夫から頼まれて相続手続きについていろいろ確認しました。夫の父はA市内に実家があり、他にもあちこちに土地を持っていたことだけは聞いていたのですが、夫はまったく興味がなく、どこにどんな土地があるのか知らないとのこと。そういえば毎年送ってくる固定資産税の納付書？にいろいろ書いてある気がしますが、それもどこにあるかわからないらしくて。どうやって調べたらよいですか？

コンサルタント

　それは大変ですね。それでは、A市役所の税務課で「名寄帳」を取ってきてください。名寄帳を取れば情報が出ているので確認することができます。なお、ご主人のお父様の名寄帳は相続人であるご主人か他の相続人であれば、取ることができます。

相談者

　名寄帳？　どうしてA市役所の、それも税務課で取るのですか？　税務課って税金に関わる窓口ですよね。税務課といえば、固定資産税の評価証明など、税金の証明をしてくれるのはわかるのですが、どうして不動産の調査で税務課の窓口に行くのですか？　名寄帳という名前も初めて耳にしました。

　相談者は、故人がどのような土地家屋を所有していたかを確認する方法の一つとして、名寄帳を確認する意味が理解できずに困惑しているようです。専門家なら名寄帳を取得することは当然のことですが、不動産業者でも名寄帳という用語には馴染みがあまりなく、何を目的として取得するのか、取得することによって得られる情報は何か、もっとわかりやすく説明する必要があります。

❶ 名寄帳とは？

名寄帳とは、固定資産課税台帳と同義で称されますが、地方税法387条１項（土地名寄帳及び家屋名寄帳）に規定された帳簿です。簡単にいうと、市区町村単位でいろいろな土地や建物が誰のものなのか確認することのできる、まさに「名前で寄せてある帳面」のことをいいます。

地方税法の規定は、「市町村は、その市町村内の土地及び家屋について、固定資産課税台帳に基づいて、総務省令で定めるところによって、土地名寄帳及び家屋名寄帳を備えなければならない。」となっています。備付けは法的義務なので、原則どこの市区町村でも備えられているはずですが、中には固定資産税課税台帳と兼ねている自治体もあります。

そして名寄帳が備えられている目的は「課税の台帳管理」ですが、それは「土地家屋の所有確認」とほぼ同義であることから、相続時の財産調査として一般的に確認されています。

❷ 名寄帳の取得目的

⑴ 名寄帳の主な記載事項

- 納税義務者≒所有者の氏名・住所
- 土地：所在、地番、地目、地積
- 家屋：所在、家屋番号、構造、床面積
- 固定資産評価額
- 固定資産税・都市計画税課税標準額
- 固定資産税・都市計画税額等

以上の情報が記載されていますが、市区町村によっては非課税の土地家屋については記載がないことがあるので注意が必要です。

⑵　名寄帳の取得が必要な場合

①　固定資産税・都市計画税納税通知書を紛失した場合

まさに本事例のケースが当てはまりますが、納税通知書を紛失した、あるいは見つけられない場合は、被相続人所有の土地家屋の特定ができないため、名寄帳を取得します。

②　被相続人が固定資産税・都市計画税が課税されない土地家屋を所有していると思慮される場合

固定資産税・都市計画税が課税されない土地家屋は、納税通知書に記載がなく確認ができないため、名寄帳を取得します。

しかし、実際にあったケースですが、名寄帳にも反映されない土地家屋（評価額０円の土地家屋）も存在しますので、名寄帳さえ取れば、確実に確認ができるわけではないということに注意してください。

③　共有名義の土地家屋を所有していると思慮される場合

共有不動産の場合は、共有者の代表者のもとにしか納税通知書が送られてこないため、名寄帳を取得します。

不動産業者により土地調査（公図に表れる隣地等の地番を元に謄本を取得）を行ったところ、共有名義になっている私道の共有持分の相続登記漏れはよく見かけられますので、特に慎重に確認したいところです。

⑶　他の取得目的

名寄帳の取得には、他にも目的があります。

①　相続登記等に使える

名寄帳には固定資産税評価額の記載があり、家屋の相続税・贈与税評価額の計算、登録免許税の計算に利用できるのと同時に、そのエビデンスになります。

他に評価額を知るためには、固定資産評価証明書がありますが、この書面は土地なら地番を、家屋なら家屋番号を別に調べる必要があり、名寄帳を取得するよりもハードルが高いことに注意が必要です。

② 固定資産税・都市計画税の年額がわかる

名寄帳には固定資産税・都市計画税額の記載がありますので、その土地家屋にはいくらの税負担があるのか？　また、売買時や相続時に精算が必要となる場合の根拠とすることができます。

他に税額を知るためには、公課証明書がありますが、この書面は土地なら地番を、家屋なら家屋番号を別に調べる必要があり、名寄帳を取得するよりもハードルが高いことに注意が必要です。

上記のように、名寄帳は評価証明書や公課証明書も兼ね備えているため、後の相続登記手続き等のことを考えれば、名寄帳の取得は土地家屋の調査には欠かせません。

また、家屋に限ってですが、家屋番号欄に家屋番号の記載がない場合、表示登記がなされていないこと（いわゆる未登記建物）を意味しますので、相続手続き時に合わせて済ませておいたほうがよいでしょう。これは増築部分や附属建物についてもいえることで、過去に増築部分の工事や附属建物の建築を行い、課税はされているものの登記はしていないといったケースが散見されます。すぐに解体工事を視野に入れているのならまだしも、このまま保有して住んだり貸したりするのであれば、この増築部分や附属建物についても登記手続きは済ませておくべきです。

❸ 名寄帳について注意しておきたいこと

名寄帳は特性を理解して利用すればとても有効な書類ですが、以下の点に注意しなければ、大切な情報を見落としてしまうこともあり得ます。

(1) 名寄帳の作成日は当年１月１日

名寄帳や固定資産課税台帳は毎年１月１日に作成されるため、１

月２日以降に取得した土地家屋の名寄帳等には、翌年まで真の納税義務者が記載されないため、これだけでの確認では不完全といえます。

また、仮に記載されていたとしても、すでに売却されている可能性もありますので、名寄帳と合わせて登記事項証明書（謄本）と突き合わせて確認することが大切です。

(2) 市区町村ごとに請求が必要

被相続人が複数の市区町村で土地家屋を所有していたと思われる場合、その市区町村ごとに名寄帳を請求する必要があります。「所有していたのではないか？」と思い当たるすべての市区町村に請求しなければならないので、大変な手間となります。

(3) 名寄帳と合わせて確認したいこと

土地家屋の財産調査が、名寄帳の確認だけでは不完全なことはおわかりでしょう。

では、完全にするにはどうすればよいのか？　土地については登記事項証明書（謄本）を確認するのは当然のこととして、法務局で取得できる「公図」及び税務課で取得できる「地番図」を確認します。

例えば、対象土地に隣接して地番が記載されている、明らかに道路と思われる土地や、道路に供されていると思われる土地の謄本を取得します。そして名義を確認すればわかるのですが、ここで特に注意したいのは、相続登記をしていない土地及び相続登記から漏れている土地であると、名義が前所有者、前々所有者であることも珍しくありません。

このように名寄帳だけでなく、謄本や公図・地番図を突き合わせて確認することが何よりも大切です。

そして家屋については、土地上にあるすべての家屋の登記簿謄本を取得することができるので、それを検索します。

わかりにくい説明で失礼しました。名寄帳は簡単にいうと土地や建物が誰のものなのか確認することのできる、まさに「名前で寄せてある帳面」ですね。ご主人のお父様がＡ市内にお持ちのすべての土地と建物が記載されているのと、相続手続きに必要となる評価額や税額の記載もありますので、まずは名寄帳を取得して、それに合わせて登記事項証明書（謄本）や公図等とも突き合わせて確認させていただきます。また、私に委任いただければ、代理で取りに行くこともできますので、どうぞご安心ください。

コンサルタント

丁寧なご説明、ありがとうございます。不動産の確認ってややこしいですね。とにかく名寄帳を取る必要があるということがわかりましたし、名寄帳を代わりに取ってきていただけるなら、さらに安心です。

相談者

◆顧客対応のヒント◆

名寄帳とは、市区町村単位でいろいろな土地や建物が誰のものなのか確認することのできる、まさに「名前で寄せてある帳面」ともいえ、この書面の特性をよく理解して読み解くことが、相続手続きの第一歩です。相談者の理解を得るには、どのような目的で、何のために必要なのか、わかりやすく説明することが必要です。

31 成年後見・民事信託・生命保険信託

司法書士・上級相続診断士　徳武　聡子

相談者

今日は、私の息子のことで相談させてください。息子は知的障害があり、いまは作業所で働いています。私が死んだ後、息子の生活がどうなるか不安でしかたがありません。私に何ができるでしょうか？　後見人についてインターネットで見たのですが、いい話を聞かなくて。

いわゆる「親亡き後」の問題ですね。それはご心配のことと思います。息子さんに財産を残すなら、生命保険信託が便利でいいですね。また、ご自身で財産管理が難しければ、民事信託でご家族に財産管理をしてもらう方法もあります。成年後見は、あまりいい噂も聞かないでしょうから、やめておいたほうがいいでしょう。

コンサルタント

相談者

え、ちょっと待ってください。その生命保険ナントカとか民事信託というのは、どういうものですか？　成年後見というのは、後見人のことですか。いろいろ制度があるようなのはわかりますが、結局、なにをどうやって考えていったらいいのでしょうか。

知的障害を持つ息子のことが心配な親からの相談です。
結論を先に述べるという話法は、明快で伝わりやすいとして、ビジネスの現場では推奨されている話法です。しかし、一般の方を対象とした相談において、聞きなれない単語をいくつも、説明もなく伝えられては、相談者は混乱するばかりで理解できません。各制度を比較しながら説明し、最適な選択をしていただけるようアドバイスしましょう。

❶　高齢者や障害者など家族の判断能力が低下した場合への相談対応

⑴　心がけるべきこと

本事例は、知的障害児の親からの相談ですが、類似の相談は認知症リスクのある高齢者や家族からも寄せられます。

判断能力低下への対策は、制度や実態がまだよく知られていません。本事例のように、軽々しく噂に基づく回答をすると、真の解決から相談者を遠ざけることになりかねません。相談に対応する専門家としては、まずは、正しい知識を知っておくことが必要です。

⑵　判断能力低下状態がもたらすリスクとは

一言で「判断能力が低下している状態」といっても、その現れ方も程度も、人によって違います。

例えば、細かい計算をする、自分に何が必要か考察する、現状を客観的に把握する、といった思考能力や、言葉や人などの記憶力、自分の感情を制御する能力等が乏しくなります。

そのため、他の人よりも日常生活に支障が出やすくなるのです。

①　銀行取引

預金解約や出金について、その取引をするという意思決定ができず、「大きな財産を銀行で動かせない」ということになります。

②　支援サービスに関する契約

障害福祉や介護等の支援サービスについて、自分に適したサービスや提供者が選択できず、これらのサービスが利用できません。

③　相続対策や遺産分割協議

自身の相続対策や、自身が相続人の立場になったときの遺産分割協議等、自分の財産に関する重要な判断が難しくなります。

④　投資や資産運用

投資は、特に専門的知識と高度な判断能力が必要な分野です。判断能力が低下すると、これらの投資行為も難しくなります。

⑤　**日常の買い物**

日常的に、例えばお店で好きな食品を購入することは、判断能力が低下していても十分可能です。むしろ、本人の能力活用や自己決定権の尊重につながります。

❷　判断能力低下に対する対策

このように、判断能力が低下すると、生活や財産を維持するための金銭管理や契約、資産運用等が難しくなります。いわゆる「自身で込み入った判断や金銭管理ができなくなる」状態です。

こういった場合に活用できるしくみとして、成年後見、民事信託、生命保険信託があります。

⑴　成年後見

①　成年後見とは

成年後見は、認知症や障害に限らず、精神上の疾患により判断能力が低下した本人に成年後見人という代理人をつけることで、本人の財産と権利を守り、生活を安泰ならしめる制度です。

成年後見人は、家庭裁判所の監督下で、財産管理と身上保護（施設入所等の諸契約の代行等）を行います。必要に応じ不動産等の重要な財産の処分もしますが、日常的には、定期的に訪問して生活費を渡したり本人の意見を聴いたり、家族やケアマネージャー等の支援者と情報交換したり、必要な契約や年金等の手続きをしたりします。

わかりやすくいえば「お金のことと手続きごとを代行し、安心して暮らしてもらえるサポート制度」といえるでしょう。

「自由がなくなる」と心配する声も聞かれますが、成年後見は、基本理念を①自己決定権の尊重、②残存能力の活用、③ノーマライゼーション（誰でも同じように当たり前に生活できる）におく、本人主体の制度です。

② 成年後見の活用法

成年後見は、以下のような場合に活用されています。

- 障害のある子供や認知症の親のために、毎月の生活費を渡したり、年金や市役所の手続き、必要な支援サービスの契約を行う。
- 相続で、認知症の配偶者や障害のある子供の代わりに、成年後見人が遺産分割協議を行い、本人の法定相続分を確保する。
- 施設入所や生活費のために、不動産の売却手続きを行う。

③ 成年後見のメリットと注意点

成年後見人は、財産管理だけでなく、手続きごとの代理という身上保護にも関わることで、本人の生活全般を支えられるのが大きな特徴です。また、定期的に家庭裁判所や後見監督人に、帳簿や通帳のチェックを受けることで、不正を防ぐしくみがとられています。

公的な制度として信頼性も高く、例えば入院・入所の際、成年後見人が支払いを担当し、緊急連絡先にもなることで、身元保証人不要とする病院・施設もあります。

その反面、いくつかの注意点があります。まず、法定後見では、誰を成年後見人にするかの決定権は家庭裁判所にあり、家族が自由に決められません。とはいえ、親族トラブルがある、事案が複雑である、等の事情がなければ、申立て時に後見人候補者に立てた家族が成年後見人となる可能性は十分あります。

なお、一般的に「家族が成年後見人に選ばれにくい」とも言われがちです。最高裁判所の統計では、親族が成年後見人に任命されたのは全体の19.1％に対して、申立ての際に「家族を後見人にしてほしい」と候補者を立てた事例は全体の23.1％。両方のデータを見比べた場合、必ずしも「選ばれにくい」とはいえません（図表31－１）。

次に、成年後見は、本人の財産を守る制度ですので、使用済みの投資用不動産の維持管理はできても、積極的な資産運用はなじみません。また、本人の死亡まで継続し、勝手に止められません。

■ 図表31－1　成年後見人等と本人との関係別件数・割合

● 親族、親族以外の別

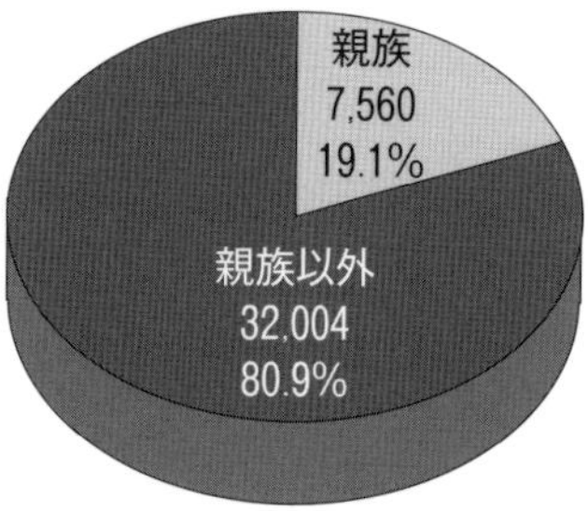

（参考資料）　成年後見人等の候補者について
○　令和４年１月から12月までに認容で終局した、後見開始、保佐開始及び補助開始の各審判事件のうち、親族が成年後見人等の候補者として各開始申立書に記載されている事件の割合は、約23.1%である。

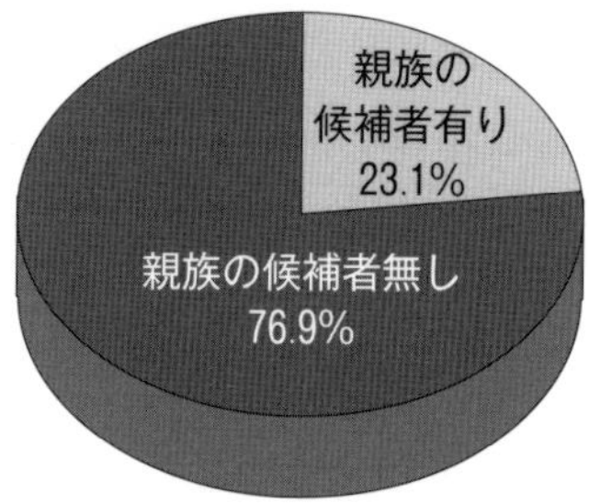

（注）「成年後見関係事件の概況―令和４年１月～12月―」（最高裁判所事務総局家庭局）

本人の財産と生活を守るために手厚い支援ができる反面、やや硬直に過ぎるのが、成年後見の難点ともいえるでしょう。

⑵　民事信託

①　民事信託とは

民事信託は、自分の財産を信頼できる家族や知人（受託者）に渡し、目的や希望の範囲内で、自分や指定した第三者（受益者）のために管理運用してもらう、というものです（図表31－２）。

信託契約の中で、目的や預ける財産は何か、管理・運用・処分の方針、受益者の受ける利益の内容等を定めるため、当事者の希望が反映されやすいしくみになっています。

当事者が死亡しても、継続するか終了するか、誰に契約を引き継ぐか、自由に決められます。また、預けた財産を最終的に渡す者を指定できるという、遺言のような機能を付けることもできます。

■ 図表31－2

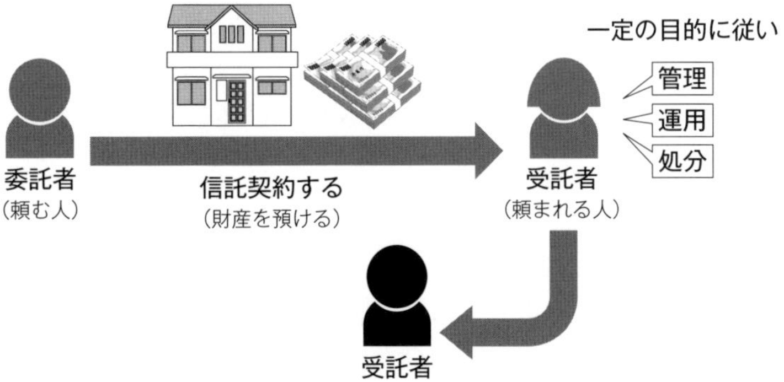

わかりやすくいえば「運用・処分方法や渡し方、残し方を決めて任せる財産管理方法」といえるでしょう。

②　民事信託の活用法

民事信託は、次のような場合に活用されています。

- 親が家族や親族に財産を預け、定期的に一定額を障害のある子供に渡せるようにする。
- 親が子供に不動産や株式等の財産を預け、自身が認知症になっても資産運用を継続してもらい、収益を得る。
- 親が子供に財産を預け、認知症になったら一定額を生活費として渡してもらう。自分の死後はそのまま子供に財産を引き継ぐ。

③　民事信託のメリットと注意点

受託者が自身の判断で積極的に資産運用できるなど、財産管理の自由度が高いのが、民事信託の大きなメリットです。

反面、いくつかの注意点があります。まず、民事信託は財産を預けられる家族や知人がいないと活用できません。士業等の専門家が財産を預かることは、信託業法という法律により困難です。

次に、この民事信託に対応するかどうか、金融機関により判断が異なります。また、民事信託は不正を防ぐ監督のしくみが貧弱です。成年後見のような家庭裁判所や後見監督人といった公的機関の監督はなく、契約の中で専門家に監督を依頼できるにとどまります。

そして、施設入所や入院の手続、遺産分割協議など、手続きごとの代理はできません。

財産管理の手法として優れている反面、財産管理のみに特化した手続きといえます。

⑶　生命保険信託

①　生命保険信託とは

いわば、「渡し方を指定できる生命保険」です。死亡保険金の受取人をいったん信託会社に指定し、信託会社から保険金を渡したい相手に、予め指定した回数や期間に沿って渡してもらうしくみです。

②　生命保険信託のメリットと注意点

この生命保険信託は、浪費されるなど、相手に一度に多額の死亡保険金を渡すのに不安があるケースで活用できます。

ただし、取り扱っている生命保険会社が限られるほか、活用場面は、自分の死後に財産をどう残すかに限定されます。

❸　家族の思いを汲み取る～相談者のニーズはなにか

複数の制度があると、「どれがよいか」と択一的に選びがちです。どれかを選ぶのではなく、組み合わせることでより効果的な対応ができる場合もあるので、視点を変える必要があります。

そのためにも大事なのは、相談者のニーズを探ることです。

判断能力が低下した家族を抱え、疲弊している相談者も少なくありません。その想いをしっかり受け止め、力づけ、丁寧にヒアリングすることが、信頼関係にもつながります。

財産管理だけを解決したいのか、本人の生活支援も不安なのか、家族だけで支えられるのか、第三者に委ねたいのか、他の家族はどう考えているのか。そういった相談者や本人の真のニーズがどこにあるのか、それによって勧める対策も変わります。
　各制度を図表にまとめましたので、参考にしてください。

■ 図表31－3

	財産管理の自由度	財産管理者を選べるか	死後の財産の残し方を決められるか	生活支援（手続きの代理）ができるか	公的な監督があるか
成年後見	維持が原則	要望が認められないときがある	対応していない	できる	ある
民事信託	積極的な運用ができる	自由に選べる	誰に渡すか決められる	できない	ない
生命保険信託	生前の財産管理はしない	限られる	渡し方も決められる	できない	ある

　よく相談に来てくださいましたね。息子さんのためにどの制度がいいか、メリット・デメリットをわかりやすくまとめてみました。この表を見ながらご一緒に考えていきませんか？　きっと安心できる制度が見つかると思いますよ。

コンサルタント

　なんだか、すごくホッとしました。実は、娘に息子のことを託したいのですが、娘に負担ばかりかけるのも心苦しくて……。先生、もう少し、お話しさせてもらっていいでしょうか。

相談者

◆顧客対応のヒント◆

　相談者の気持ちに寄り添いながらも、制度の説明をわかりやすく表にまとめて説明することで、理解が深まり、対策へ踏み出すための足掛かりになります。相手の理解度を確認しながら説明を進めていくように心がけましょう。

32 公 証 人

行政書士・上級相続診断士　高橋　正芳

相談者

私たち夫婦も70代になり、そろそろ遺言のことも考えたいと思っています。先日テレビで、遺言書には自筆証書と公正証書、二つの方法があると知りました。公正証書は法律のプロフェッショナルである士業の先生が作成すると聞き、公正証書遺言を作成したいと思っています。どの士業に相談したらよいのでしょうか？

公正証書遺言は公証人が作成します。公証人は、長年法律の業務に携わってきた法律のプロです。公証人が作成する公正証書は、公文書になるため信用力がきわめて高いものになります。まずは遺言書の内容について決める必要があるので、行政書士等の専門家に相談するといいですよ。

コンサルタント

相談者

え!?　公正証書遺言は公証人さんが作るのに、行政書士に相談するのですか？　どういうことでしょう？

そもそも、公証人ってどなたのことですか？　その人は士業？

相談者は公正証書遺言を作成するため、専門の士業に相談しようと考えていました。ところが、相談先は行政書士等の専門家で、作るのは公証人と聞いて戸惑っています。遺言の相談先として公証人と行政書士等の専門家、どちらがよいのか。そもそも公証人という聞きなれない人物は誰なのか？　相談者の理解を促すために事例を使い、公証人の役割を明確にすることから始めてみましょう。

❶　遺言書の相談

一口に「遺言書の相談」と言っても、相談内容によって相談先が異なります。遺言書の何について知りたいのかを詳しく聞かないままに答えてしまうと、相談者との間で相違が生じてしまい相談者を混乱させてしまいます。

では、遺言書の相談について、事例を通じて見てみましょう。

◆事　　例

夫婦２人暮らし。長女と次女は結婚して遠方で暮らしています。夫は、遺言書を作りたいと思っているのですが、自宅を妻か長女のどちらに相続させたらよいのか迷っています。

妻が安心して自宅で生活していくためには、妻に相続させるべきではないのか。しかし、妻が介護施設に入ったら空き家になってしまうため、子供たちに迷惑がかかってしまいそうです。

一方、長女に相続させた場合、万が一長女と妻の仲が悪くなり、長女が自宅を売却などしてしまうことで、妻が安心して住むことができなくなる不安もあります。

夫は誰に遺言書の相談をしたらよいのでしょうか。

⑴　公証人が遺言書の相談を受ける場合

公証人は、公正証書遺言・自筆証書遺言の違い、遺言の効果、その他相続や遺言書の一般的な内容については相談に乗ってくれるでしょう。

しかし、上記事例のように財産内容や家族関係について詳細な検討が必要な相談に対しては、対応することができません。このため、遺言書の内容については、行政書士、弁護士等の専門家に相談することになります。

⑵　専門家（行政書士等）が遺言書の相談を受ける場合

専門家は、事例内容に対して、どのような内容の遺言書を作成すればよいのか相談に乗ります。

主に、以下のような検討をします。

① 夫の財産内容のヒアリング
② 家族関係のヒアリング
③ 夫の意向についてヒアリング
④ 以上を踏まえた相続・分割方法の検討
⑤ 夫の意向に沿った遺言書作成支援

上記のように詳細な検討をした上で、どのような内容の遺言書を作成するのか、遺言の種類は公正証書か自筆証書か等を踏まえて顧客とともに作成していくことになります。

❷ 公証人とは

公証人はどのような立場なのか、どのような役割を持つのかを説明することで、理解が進みやすくなります。以下のような説明をするとよいでしょう。

⑴ 公証人とはどのような職種か

公証人は、長年、法律業務に携わってきた者（裁判官、検察官、弁護士等）の中から、法務大臣が任命します（公証人法13、13ノ２）。

公証人は、国家公務員法上の公務員ではありませんが、国の公務である公証作用を担う実質的な公務員です。国から給与や補助金など一切の金銭的給付を受けず、国が定めた手数料収入によって事務を運営しており、手数料制の公務員ともいわれています。

公証人は、全国で約500名おり、公証人が執務する事務所である公証役場は約300か所あります。

⑵ 公証人の役割

公証人が行う公証事務は、図表32－１のとおりです。

■ 図表32－1

① 公正証書の作成	公証人がその権限において作成する公文書のこと。 （例）遺言、任意後見契約、金銭消費貸借
② 認証の付与	私署証書（作成者の署名又は記名押印のある私文書）について、文書が作成名義人の意思に基づいて作成されたことを公証人が証明するもの。 （例）私署証書の認証、外国分認証
③ 確定日付の付与	私署証書（作成者の署名又は記名押印のある私文書）に公証人が確定日付印を押捺して、その日にその文書が存在したことを証明するもの。

（出典）日本公証人連合会　ホームページより筆者作成。

(3) 遺言書における公証人の役割

公正証書遺言は、法務大臣に任命された公証人だけが作成することができます。

日本公証人連合会のホームページによれば、公正証書遺言の作成手順は、以下のとおりとされています。

① 公証人への遺言の相談や遺言書作成の依頼

行政書士等の専門家を介したり、遺言者が直接予約をとって公証役場を訪問。

② 相談内容のメモや必要書類の提出

③ 遺言公正証書（案）の作成と修正

④ 遺言公正証書の作成日時の確定

⑤ 遺言の当日の手続き

遺言者本人から公証人に対し、証人２名の前で、遺言の内容を口頭で告げる。遺言公正証書の原本を、遺言者及び証人２名に読み聞かせ、又は閲覧させて、遺言の内容に間違いがなければ、遺言者及び証人２名が原本に署名、押印をする。

遺言者が高齢である場合で判断能力が低下している場合は、遺言書の作成はできません。しかし、公証人は本人・家族からの説明や医師の診断書等によって個別的に判断能力の有無を判断し、公正証書を作成します。

筆者が実際に証人として立ち会った現場では、公証人は本人に「名前」「生年月日」「住所」「両親の名前」「遺言作成の目的」等をヒアリングすることで遺言者の判断能力の確認をしていました。

⑷ 公正証書遺言と自筆証書遺言の比較

図表32－２で公正証書遺言と自筆証書遺言を比較し、公証人の役割を確認しましょう。

プラス1

絵に描いた餅？　特別寄与料

配偶者の親の介護を長年してきたにもかかわらず、その親が亡くなった際には相続人じゃないからと蚊帳の外。それが元で夫（妻）と夫婦喧嘩が絶えず、離婚にも発展。そんな時、この「特別寄与料」を請求すると不公平感がなくなり、貢献度に対して金銭がもらえるかも！――ということで、一時は注目を集めましたが……。ハードルが高い制度で、そもそもこれが原因で夫（妻）と却って揉めそうな予感です。

実際、相続人全員と話し合う必要があり、この時点で対象者の相続人には配偶者が含まれます。第一関門から気が重い。第二関門は全員がOKしてくれたとしても、介護の場合などにもらえる金額は雀の涙……。

「特別寄与料」＝特別な貢献（寄与）をしたにもかかわらず、これではやる気になれませんね。相談者からこの制度について問合せがあった際には、それでも「使う？　使わない？」を質問してみてください。制度はメリット・デメリットをしっかり説明し、その上で使うか使わないかを判断してもらうことが大切です。

ちなみに筆者は「特別寄与料」を使いたいといわれる相談者には（特に介護していた妻）「時に法律って絵に描いた餅で使えない制度が出てくるのですが、この特別寄与料がまさにそれ。特別な貢献をしたにもかかわらず、夫を含めた夫側の親族に認めてもらっても、もらえるお金は雀の涙……。それでも使いたいですか？」と質問します。その結果、使いたいといった方は今のところゼロです。

（一橋香織）

■ 図表32－2

	公正証書遺言	自筆証書遺言
作成者	公証人	遺言者
方　法	公証人が遺言者の口述を筆記。	遺言者が自筆で作成。
手数料	公証人手数料が必要。 日本公証人連合会 HP https://www.koshonin.gr.jp/notary/ow12	必要なし。自筆証書遺言書保管制度を利用する場合3,900円。
保　管	遺言者の死後50年、証書作成後140年又は遺言者の生後170年間。	遺言者が保存。自筆証書遺言書保管制度を利用する場合、法務局で原本を遺言者の死後50年間保管。

公証人は「公正証書」を作る「人」なので、これを縮めて公証人ですね。役割は、法的に意味のある公の書類、いわゆる、公正証書を作成することです。公正証書で作る遺言書、これを公正証書遺言といいますが、この内容は、事前に行政書士等の専門家に相談しましょう。内容が固まったら公証人のもとを訪れて相談してみたらよいですよ。

コンサルタント

相談者

そうなのですね。私たちは、財産の残し方についても相談してみたいと考えてきました。まずは、行政書士に相談して、その後公証人さんを訪れたいと思います。

◆顧客対応のヒント◆

「相続の相談」と一言で言ってもさまざまな内容が考えられます。本事例のケースは「遺言内容」についてでした。顧客は何を知りたいのかを専門家としてわかりやりやすく説明し、かつ深掘りしてあげることが大切です。また、遺言作成における関係者はたくさん登場するので、それぞれの立場、役割を意味とともに明確にすることも、顧客の理解を促すことになります。

33 遺　　贈

相続診断士　髙橋　美春

相談者

　私は結婚しておらず、亡くなった後、自分の財産がどうなるのか気になっています。親はすでに他界しており、疎遠になった弟がいますが、弟やその子供たちに渡すくらいなら、長く住んだこの市や県に寄付したいと考えています。そんなに大した財産があるわけではないのですが、市や県に亡くなったら寄付をすることは、可能なのでしょうか。

　では、遺贈を検討されてはいかがですか。遺贈はご自身の遺言書で自分の財産を渡したい人や団体に渡すことができます。通常、相続が起こると、法定相続人が財産を引き継ぎますが、遺贈は法定相続人以外の受遺者に財産を渡せます。また、遺贈には包括遺贈と特定遺贈があります。法人や団体を指定することもできます。

コンサルタント

相談者

　寄付と遺贈は何が違うんですか？　それに遺言が必要とのことですが、遺言があれば遺贈は簡単にできるのですか？　遺贈にも種類があるんですね。「遺産」といえるほどの多額の財産はありませんが、遺贈することはできるのでしょうか。

　また、私が遺贈することにしたら、弟には事前に話しておかなければなりませんか？

　まず、相談者は寄付と遺贈の意味の違いから理解できていません。「寄付」と質問しているにもかかわらず、「遺贈」と返ってきたため混乱しているようです。また、遺贈がどういうものかわからないため、遺言を書く必要があると聞いて躊躇しています。言葉の意味も含め、遺贈のしくみについてしっかりと理解できるように説明することが大切です。

❶　なぜ今、「遺贈」なのか

「遺贈」とは遺言によって、特定の個人や団体に財産を一部又は全部残すことをいいます。「寄付」は無償で財産や物品を贈ることを指しますが、自らの死去に際して団体や法人などに財産を寄付することを「遺贈寄付」といいます。

遺贈は自分がお世話になった個人に残すこともできますし、学校や病院、思い入れのある団体や法人に遺贈寄付として財産を残すことも可能です。

昨今、ライフスタイルの変化や、結婚にこだわらない事実婚やDINKs（共働き夫婦・子供なし）、生涯未婚など、家族のあり方にも変化が見られ、注目されているのが「遺贈」です。

⑴　「お一人さま」をめぐる現状

亡くなった人の財産は、特に何もしなければ、相続人が引き継ぎます。相続人がいない、あるいは疎遠になってしまった場合、又は「お一人さま」の場合は特別縁故者（➡28）が財産を取得するケースもあります。そして相続人も特別縁故者もいない場合は、国庫に帰属することとなります。

50歳時の未婚率は、男女ともに10%を超えました。2040年には男性の約３割、女性の約２割が未婚という推計も出ています。

また、子がいない夫婦は、いつかは「お一人さま」になる可能性がきわめて高くなります。

相続相談の現場においても、「お一人さま」やその予備軍の人たちからの相談が増えてきました。こうした人たちから、自身が一生懸命築いた財産を遺贈したいという声が多く寄せられています。

⑵　遺贈で何が叶うのか

遺贈の相談は、すでに遺贈することを決定しているパターンと、本事例のように「疎遠になった親族や国に取られるくらいなら……」と切り出してくるパターンがあります。後者の場合、遺贈を選択肢の一つとして提案すると、資産家が多額の遺産を残す方法だと勘違いして尻込みする人が多いのですが、遺贈は例えば、10万円程度の少額からでも行うことが可能です。

また、一度遺贈すると決めてしまうと、その後、いざお金が必要になった場合に使えなくなってしまうのでは、と懸念する人もいますが、遺贈は一度決めたら必ずしなければならないものではなく、フレキシブルに変更することができます。

(3) 遺贈の種類と受遺者

遺贈には、「包括遺贈」と「特定遺贈」の２種類があります。

包括遺贈は、財産の○割、もしくは全額を遺贈する方法です。財産の内容や行先については決められていませんので、遺された相続人が分配を柔軟に選択することが可能です。ただし、包括遺贈の場合、遺贈財産に負債も含まれることがあるため注意が必要です。

一方、特定遺贈は「不動産Ａは○○に遺贈する」など、具体的な財産を指定して渡すことをいいます。取得する財産が特定されているため、基本的にマイナスの財産は承継されません。

また、「受遺者」とは、遺贈を受ける人のことを指します。遺贈を行う場合は、遺言書にその旨を記載します。通常、法定相続人が財産を引き継ぎますが、遺言がある場合は遺言が優先されます。

❷ 遺贈と相続の関係

(1) 遺産分割協議

特定遺贈の場合は受贈する財産が確定しているため、遺産分割協議に参加する必要はありません。一方で包括遺贈の場合は、受贈する財産の割合の範囲内で、受遺者は相続人と同じ立場になります。そのため、包括遺贈受遺者は遺産分割協議に参加しなければなりません。

(2) 遺贈の放棄

相続放棄同様、遺贈においても放棄することが可能です。特定遺贈の場合は期間の定めはなく、相続人や遺言執行者にその旨を伝えれば放棄できます。

包括遺贈の場合は、自分を受遺者とする相続開始があったことを知った日から３か月以内に、家庭裁判所にその旨の申述を行う必要があります（民法990、915①）。

(3) 遺言執行者への就任

遺言執行者は、未成年や破産者以外の者がなることができますが、受遺者も遺言執行者に就任することができます。

(4) 受遺者と相続人の違い

① 受遺者は代襲がないため、受遺者の子や孫に代襲させるためには予備的遺言でその旨を記載しておく必要があります。

② 受遺者が受け取れる財産は遺言書に記載された内容になります。相続人による相続放棄があっても増えるとは限りません。

③ 受遺者は個人のみならず法人や団体を指定することも可能です。

④ 不動産は相続人と共同での申請が必要になります。ただし、遺言執行者がつく場合は受遺者と遺言執行者での登記も可能です。

❸ 遺贈の流れと注意点

(1) 遺贈の流れ

① 遺贈の相手先を決める

遺贈は無償で他人に財産を与える点では贈与と同じですが、双方の同意のもとに行われる贈与とは違い、遺贈者の一方的な行為になります。遺贈する相手先が明確に決まっている場合は受入可能かを確認し、可能であれば、受入方法について確認しておきましょう。なお、遺贈したい財産が現金以外の不動産や有価証券、骨とう品、美術品等の場合、受け入れてくれる法人や団体は限られます。

また、相続人と同じ立場になる包括遺贈については、そもそも受入れができない法人・団体のほうが多いようです。

② 遺言書を作成する

遺言を作成する場合、相続人以外が受取人となることもあるので、専門家に相談の上、公正証書遺言とすることが望ましいでしょう。確実に行うために、遺言執行者を決めておくことも大切です。

③ 遺言書の見直し

遺言書を作成したら、受遺者を含め定期的に見直しを行います。受遺者が死亡あるいは解散した場合、遺贈することはできません。

(2) 遺 留 分

相続人の遺留分を考慮する必要があります。遺贈する財産の額や渡し方によっては、相続人から「遺留分侵害額請求」を起こされる可能性もあります。

遺贈される財産が、全財産に占める割合が大きい場合などは注意が必要です。

(3) よかれと思った遺贈がトラブルに

相続人がいない場合、財産の行く先を本人が選択でき、人生最後の自己実現が可能な遺贈ではありますが、相続人はいるものの、「○○に渡したくないから遺贈」という理由で遺贈することは、トラブルの火種となりかねません。遺贈は、民法上は受け取る権利がある相続人を飛び越えて財産を他者に渡す行為です。事前に知らされていない場合は特に、相続人に不満が生まれる可能性が高くなります。受遺者からすると、本来であれば関係のない家族のもめごとに巻き込まれるリスクを背負うことになるため、あらかじめ環境を整えておくことが重要です。

遺贈は一方的な行為になります。財産を残すことが受遺者側の負担になったり、残し方によってはトラブルに発展する可能性もあります。

誰にどんな形でどれだけ残すかによって、受遺者側の対応も変わってきますので、受遺者への配慮はもちろん、遺贈を検討される場合こそ、ご家族とのお話合いが必要かと思いますよ。

コンサルタント

相談者

遺贈は、亡くなった後に財産を一方的に誰かに渡すものですが、身勝手に決めても相手が放棄をすれば、遺贈者の思いが叶わない可能性があるのですね。遺贈するなら相手に喜んで受け取ってほしいです。良かれと思って遺贈することで、もめごとにはしたくないので、これを機に一度弟と話してみます。

◆顧客対応のヒント◆

無償で財産を渡せる遺贈。相手は喜んで受け取ってくれるだろうと思いがちですが、遺し方によってはトラブルに発展する可能性もあります。家族とうまくいっていないから第三者への遺贈を選ぶケースもあります。しかし遺贈こそ、家族と話し合って互いに納得した上で行うことが財産の有効活用に繋がります。確実に達成するために、専門家への相談や関与により定期メンテナンスを行う必要があります。

プラス 1

依頼人は長男だけ？

――亡くなった父親の相続税の申告期限１か月前に兄から呼び出された。兄の会社の顧問税理士から遺産分割協議書と相続税の申告書を渡され、ひと通りの説明の後、「来週までに印鑑を押してほしい」と言われた。遺産分割協議書の内容も相続税の申告書も正直チンプンカンプンでよくわからなかった――。「これに印鑑を押しても大丈夫でしょうか？」という相談を受けることが、少なからずあります。

印鑑を押すように言われた弟や妹が、改めて遺産分割協議書の内容を知ると、とても納得できる内容ではなく、争族に発展してしまいました。筆者の携わった案件では60歳を過ぎたきょうだいが、４年ほど裁判をしました。

どうしてこのようなことが起こるかというと、専門家が依頼人の「大丈夫」を真に受けてしまうからなのです。顧問税理士が、「昔から弟や妹の面倒をよく見ていたので、２人が文句を言うはずがないから大丈夫」という長男の言葉を真に受けて、長男の言うとおりの遺産分割協議書や相続税の申告書を作成してしまったからなのです。

一方、相続税の申告書は、相続人が複数人の場合には、共同で提出することができる（相法27⑤）となっており、実務では、ほぼ共同で提出します。相続税の申告書を作成して、税務署に提出するということは、長男だけではなく弟と妹の代理人になることが想定されているにもかかわらず、弟と妹の事前承諾を怠ったために、争族に発展してしまうのです。最初に税理士が、「弟さんと妹さんの代理人にもなるので、事前に話をさせてください」と確認をしていたら、争族になっていなかったかもしれません。

相続の専門家が相談を受けた時は、依頼者の言葉を真に受けず、

① 依頼人はだれ？……長男だけか、弟や妹は入らなくてよいのか？

② 相談の内容は？……長男の受取財産を多くしたいのか、きょうだい仲良く遺産分割したいのか？

この２つをよく考えて、笑顔相続につながるアドバイスをしたいものです。

（小川　実）

プラス 1

「正しい」よりも「伝わる」相談を

筆者は相続専門の弁護士として、日頃から多くの相続相談に応じていますが、「正しい」ことよりも「伝わる」ことのほうが大事だと思っています。士業にありがちな「用語にこだわり過ぎ」では、相談が進みませんし、理屈っぽい印象になり顧客に嫌われてしまいかねません。

例えば「裁判官」と「検察官」、「寄与分」と「特別寄与料」など、似たような法律用語の区別が曖昧でも雰囲気で伝わればスルーしてOK。「調停」「審判」「訴訟」もひとくくりに「裁判」で問題ありません。

逆にネット検索で勉強して「遺留分侵害額請求権を行使……」「家族信託の受益者を……」と、法律用語をスラスラ言えても、その内容が誤解だらけ、という人もいるので要注意です。

「遺言（いごん）」は「ゆいごん」、「競売（けいばい）」は「きょうばい」と発音するほうがむしろわかりやすいでしょう。

「不動産の課税明細」といってもピンとこない人にも「毎年春に届く固定資産税の納税通知書の封筒に入ってるアレ」と言うと、「あぁ、アレ！」となりますし、「原戸籍を取ってきて」も「窓口で縦書きの古いやつって言って」と言うほうが親切です。

士業側の思い込みも禁物で、不動産調査で「前に頼んだ司法書士の先生に連絡つきます？」から始めようとすると「あぁ、『名寄帳』ならここにある」と、あっさり渡されることも。

わかりやすくても失礼に聞こえたり、相手の心の痛みに触れかねないワードには気をつけましょう。「子なし」「後妻」「前妻の子」「愛人」などは、本人に向かってそう言うのはNGです。

相続相談もコミュニケーションの一種ですから、さまざまな年代の多様な背景を持つ人たちとたくさん話をして「会話のセンスを磨くこと」が一番大切なことかもしれません。

（木野綾子）

34 相続欠格・廃除

行政書士・相続診断士　細谷　洋貴

相談者

　昔から、父と弟は意見が合わず、弟は早くに家を出ていきました。その際、父と弟で家族の縁を切るという同意書を作っています。
　父から、何かあったらすべてを頼むと言われています。相続時には、弟の唯一の兄弟である私だけが相続人ということでいいでしょうか？

コンサルタント

　相続人の欠格事由に該当すれば、法律上の相続人ではなくなりますが、お話を聞く限りでは該当しません。
　推定相続人の廃除であれば、検討することができるかもしれません。
　しかし、この方法は、かなりハードルが高いので認められるか……。

相談者

「欠格」？「廃除」？　聞きなれない言葉ですね。
　弟自身も同意しているのに……。他にも手続きが必要なんですか？
　父が亡くなった時、弟は手続きに協力をしてくれないと思います。
　父の想いを叶えるためにも、私だけで手続きが進められないと困るんです。

　相談者は、家族間で絶縁した弟が「相続人ではない」ことを確認するために質問をしました。そこに専門家から、理由も説明されないまま「相続人となる」と言われてしまい、動揺しています。
　その後も「なぜ相続人となるのか」が納得できていないまま、「欠格・廃除」など、難しい言葉で解決案を聞いたため、父の想いを叶えることができないかも……と困惑しています。

❶　絶縁と相続権

(1)　相談者が困惑した原因

相談者は、父と絶縁する同意書まで作成している弟がなぜ相続人となるのか、専門用語を用いて説明したことで混乱してしまいました。

まず「家族間での絶縁が相続権に影響しない」ことを専門用語の意味とともに理解してもらう必要があります。

(2)　家族間の絶縁による相続権への影響

相続人は、戸籍上の関係に基づいて確定します。そして、夫婦間の離婚や養親子の離縁とは異なり、戸籍上の実親子・兄弟姉妹の関係を抹消する手続きは、特別養子縁組など例外的な場合を除き存在しません。つまり、どんなに家族間の仲が悪く、当事者間で書面を作成していたとしても「相続人となる」のです。

このように、相談者が勘違いしていることを説明する際は「なぜ」という根拠を明確にして伝えるようにしましょう。

❷　相続欠格・廃除とは

相続人との関係において、一定の要件を満たしていた場合には、相続権を失うという法制度があります。これが相続欠格と推定相続人の廃除です。どちらも相続人が相続権を失うことに違いはありませんが、「条件」「方法」「取扱い」等に違いがあります。相談者へ説明をするため、この違いをしっかりと理解しておきましょう。

また、「相続欠格」は「親を殺そうとしたなど、相続人として認められない欠陥がある人のこと」、「相続廃除」は「欠陥があるほどではないにしても、親に侮辱や暴力を振るうなどして、相続人から廃除したいと感じる行為をした人のこと」などと、言い換えて説明するとわかりやすいでしょう。

⑴　相続欠格・廃除の違い

相続欠格と推定相続人の廃除については、民法891条から895条に定められています。二つの違いについては、表を用いて説明すると相談者が理解しやすいでしょう。

■ 図表34－1　相続欠格・廃除の違い

	相続欠格	廃　除
①　方　法	自動的	家庭裁判所に申立て
②　本人の意思	不　要	必　要
③　取消し	不　可	可　能
④　戸籍への記載	な　し	あ　り
⑤　遺留分	な　し	
⑥　代襲相続	あ　り	

①　相続欠格・廃除の方法

相続欠格の場合は、法律で定められた相続人の欠格事由に該当することで、自動的に相続権を失います。

廃除の場合は、生前に本人が、又は遺言で推定相続人廃除の意思表示をして遺言執行者が、家庭裁判所に申立てを行い認めてもらう必要があります。

②　本人の意思

相続欠格は、相続人の欠格事由に該当すれば自動的に相続権を失いますので、本人の意思が不要です。

廃除は、本人の申立て又は推定相続人を廃除する意思表示をした遺言が必要ですので、本人の意思が必要です。

③　取 消 し

相続欠格の場合は、相続人の欠格事由に該当すれば自動的に相続権を失いますので、取消しをすることができません。

廃除は、民法894条（推定相続人の廃除の取消し）の定めに従い、本人は、いつでも、推定相続人の廃除の取消しを家庭裁判所へ請求できます。

④　戸籍への記載

相続欠格の場合は、戸籍へ記載されることはありません。そのため、相続欠格者からの相続欠格証明書、裁判所による判決書等により、相続欠格者であることを証明します。

廃除の場合は、家庭裁判所による審判後、10日以内に本人の戸籍がある市区町村役場へ推定相続人廃除の届出を行います。これにより、該当者が推定相続人から廃除された旨が戸籍に記載されます。

⑤　遺 留 分

相続欠格者及び廃除のどちらも、相続権を失いますので遺留分侵害額請求権も失います。

⑥　代襲相続

相続欠格者及び廃除のどちらも、相続権を失うのは該当者である推定相続人のみです。相続欠格者又は廃除された者の子や孫については影響がありませんので、代襲相続人となることができます。

(2)　相続人の欠格事由

相続人の欠格事由は、民法891条（相続人の欠格事由）に要件が定められています。この要件については、表を用いて説明すると相談者が理解しやすいでしょう。

■ 図表34－2　相続人の欠格事由

項　目	Check
①　被相続人・相続人を殺害しもしくは殺害しようとした	□
②　被相続人が殺害されたことを知りながら告発・告訴をしなかった	□
③　被相続人に詐欺・脅迫をして遺言の作成・撤回・取消し・変更させることを妨げた	□
④　被相続人に詐欺・脅迫をして遺言の作成・撤回・取消し・変更させた	□
⑤　被相続人の遺言を偽造・変造・破棄・隠匿をした	□

⑶　廃除の要件

推定相続人の廃除は、民法892条（推定相続人の廃除）に要件が定められています。この要件については、表を用いて説明すると相談者が理解しやすいでしょう。

■ 図表34－３　推定相続人の廃除条件

項　目	Check
①　被相続人に対する虐待	□
②　被相続人に対する重大な侮蔑	□
③　推定相続人の著しい非行	□

❸　相続欠格・廃除

相続欠格者及び廃除のどちらも、相続権という非常に大きな権利を失う制度です。

そのため、相続欠格については、具体的な要件を法律で定めています。逆に、この要件に該当しなければ相続欠格とならないということを理解しておきましょう。

推定相続人の廃除についても要件が定められていますが、相続欠格に比べると具体的ではありません。そのため、家庭裁判所に推定相続人の廃除を認めてもらうためには、その根拠となる証拠を提出する必要があります。つまり、本人と不仲というだけで廃除はできませんし、虐待であれば写真や診断書等の証拠が必要になることが一般的です。本事例のように家出などで音信不通ということだけでは、廃除を認めてもらうことは難しいでしょう。

このように、相続欠格や推定相続人の廃除は、ハードルが高いのが実情です。安易に相談者へ相続欠格や廃除を勧めることは避けるべきです。相談者へは、難しい手続きであることを納得してもらった後に、弁護士などの専門家へと繋げていきましょう。

「相続する権利」は、非常に大きな権利です。表にまとめてご説明したとおり、違いも理解いただけましたか？　弟さんの権利を失くすためには、認められるかわからない複雑な手続きが必要になります。しかし、弟さんの協力がなくても相続手続きを進める方法でしたら、他にも対策方法があると思います。

この対策には、お父さんの協力が必要になります。次回は、お父さんも一緒に具体的な話を聞いてみませんか？　信頼できる行政書士を紹介します。

コンサルタント

相談者

現状では問題があるとのことですが、他にも対策方法がありそうだとわかり、少し安心しました。父も具体的な対策方法を聞きたいと思います。ぜひ、行政書士さんをご紹介ください。

◆顧客対応のヒント◆

「相続廃除・相続欠格」という普段聞きなれない専門用語は極力用いず、わかりやすい言葉に言い換えての説明、図表を用いるなど工夫が必要です。

また、相談者の質問に答えるだけでは「できる・できない」の結論になってしまいます。まずは、しっかりと話を聞きながら「何が不安なのか」「何を解決したいのか」を考えましょう。相談者の考える対策方法以外を提案できることで、皆さんの価値も高まります。

家族が相談に訪れた場合には、トラブルを避けるために本人と会う機会を作り、本人と家族の話に相違がないかを確認することも大切です。

35 死因贈与

上級相続診断士　髙橋まどか

相談者

　数年前に妻が亡くなってから、同居している長男の嫁が主に私の面倒を見てくれています。嫁にはとても感謝しており、私が死んだら駐車場として貸している土地を嫁に贈与したいと思っています。長男の嫁は私の法定相続人ではないことは知っていますが、今のうちから確実に形にしておく方法はありますか？

コンサルタント

　はい、受贈者であるお嫁さんと生前に「死因贈与契約」を結んでおくことをお勧めします。贈与者であるお義父さんが亡くなった際に受贈者に財産を移転することができます。遺言書による遺贈とは違い、お互いに合意をした上での契約ですから、確実に土地を渡すことができるので安心です。

相談者

　「契約」ですか？　生前に契約をするのなら、「生前贈与」とは違うのですか？　遺言書による遺贈と違うということも、よくわかりません。知らない言葉がたくさん出てきてややこしいので、わかるように教えてください。

**　相談者は、専門家が話す相続特有の言葉を聞いただけで、理解しようとする気持ちが萎えてしまい、「難しくて大変なこと」だと解釈してしまいます。なぜその方法がよいのか、それぞれの言葉の意味も含め、しっかり順番を踏まえて説明することが大切です。**

❶　死因贈与

自分が死んだときに法定相続人以外に財産を譲る方法には、遺言による「遺贈」の他に「死因贈与」を選ぶこともできます。

では、「遺贈」と「死因贈与」にはどのような違いがあり、どういった場合に死因贈与を選べばよいのでしょうか。

⑴　死因贈与とは

死因贈与とは、財産を譲り渡す人（贈与者）が亡くなったときに契約の効力が発生し、財産の権利が財産を譲り受ける人（受贈者）に移転する「契約（合意）」です。

一方で、生きているうちに財産の権利が移転するように譲り渡すのが「生前贈与」です。

「死因贈与契約」は当事者間の合意が必要となります。贈与者と受贈者がお互いに合意すれば、口約束でも成立します。

これに対し「遺贈」は、遺言者が遺言を書くことで一方的な意思表示で成立する行為であり、相手方の同意がなくても有効に成立します。

⑵　死因贈与は撤回できない場合がある

①　基本的には、贈与者が生きていれば撤回が可能

遺言は、何度でも書き直すことができます。当然、遺贈も撤回が可能です。

死因贈与も、その性質に反しない限り、遺贈に関する規定を準用しますから、同じく撤回できるのが原則です（民法554）。

②　撤回できない場合もある

例えば、「私の死後、この家を譲ります。その代わりに私が死ぬまで介護等の面倒を見てほしい」というように、贈与者が亡くなったら何らかの財産を譲る代わりに、一定の負担を受贈者に課す形式の贈与契約があります。これを「負担付死因贈与契約」といいま

す。

この場合の撤回が可能かどうかは、その負担の履行状況で異なってきます。まだ負担が履行されていない場合は撤回が可能ですが、受贈者が負担の全部又は一部を履行した場合は、特段の事情のない限り、贈与者は一方的に撤回することができません。

その他、裁判上の和解に基づく死因贈与や、契約の中で撤回の可否や方法について特段の定めがあるなど、撤回することができない場合もあるので、注意が必要です。

(3) 気を付けたい課税関係

① 贈与税ではなく相続税の対象

死因贈与は、被相続人の死亡を原因として権利を取得するので、贈与税ではなく相続税が課税されます。

相続税は、被相続人が亡くなったことを知った日の翌日から10か月以内に納付する必要があり、受贈者が法定相続人以外の場合は、相続税が２割加算されます。

② 目的の財産が不動産の場合

通常、不動産を譲り受ける場合は、不動産取得税が課税されますが、遺贈の場合で受贈者が法定相続人であれば、不動産取得税は非課税となります。ただし、死因贈与の場合は、法定相続人・法定相続人以外にかかわらず課税されます。

また、登録免許税についても、法定相続人への遺贈の場合、税率は優遇され固定資産税評価額の0.4％ですが、死因贈与に基づく登記手続きは、法定相続人・法定相続人以外にかかわらず、一律固定資産税評価額の２％が課税されます。

固定資産税評価額は事前に確認し、税額を把握しておくことをお勧めします。

❷ 死因贈与契約のポイント

⑴ 死因贈与契約書は公正証書にしておく

口約束でも当事者間で合意すれば、死因贈与契約は成立します。

しかし、贈与者が亡くなった後に契約を証明できない場合、法定相続人とのトラブルに発展したり、死因贈与契約自体が無効になる可能性もあります。そのリスクを回避するために、正式な書面を残しておくことが重要です。なお、契約書は公正証書にしておくことをお勧めします。

⑵ 不動産は「始期付所有権移転仮登記」をする

万が一、目的不動産が、先に第三者に登記をされてしまうと、死因贈与による登記ができなくなります。これを防止するため、贈与者の生前に「始期付所有権移転仮登記」をしておきましょう。

これは、贈与者の生存中には所有権は移転せず、贈与者が死亡すると所有権が受贈者に移る旨の仮の登記のことです。遺贈ではできませんが、死因贈与ではできるのが特徴です。

始期付所有権移転仮登記をすることにより、確実に財産を移転できるので、死因贈与は受贈者の権利を守ることができます。

⑶ 死因贈与執行者の選任

「死因贈与執行者」が選任されていれば、執行者以外の者が死因贈与の履行をすることができなくなります。

死因贈与契約書の中で、執行者を指定することが可能です。

もし、死因贈与執行者がいない場合は、相続人全員と受贈者が所有権移転登記をする必要があり、法定相続人による履行の妨害などで手続きが難航することも考えられます。執行者が指定されていれば、執行者単独で所有権移転登記が可能なので、手続きがスムーズに進みます。指定されていない場合には、家庭裁判所に死因贈与執行者選任審判申立てをすることも可能です。

⑷ 遺留分侵害額請求の対象

遺贈や死因贈与の結果として、遺留分に満たない額を相続した相続人は、遺留分侵害額請求をすることができます。

この場合、負担する順序が決まっており、受遺者と受贈者がある場合は、受遺者が先に負担します（民法1047①一）。

❸ 死因贈与は「最後のプレゼント」

死因贈与契約は、口頭でも契約が成立しますから、方法が簡単という面では、メリットの一つです。

負担付死因贈与契約を選択した場合、贈与者の一方的な撤回は認められないことから、受贈者の権利が守られます。一方、贈与者にとっては、撤回したくてもできない制度ですので、慎重な選択が求められます。

また、始期付所有権移転仮登記をすることにより、確実に財産を受贈者に移転することができます。

死因贈与は、受贈者への感謝を伝えるための「最後のプレゼント」ともいえますが、このことが原因でトラブルを招くことがないよう、契約書は公正証書にする、死因贈与執行者を指定するなど、しっかりとした準備が大切です。

死因贈与は、「亡くなったときに渡せる最後のプレゼント」ですね。
また、あげる側ともらう側が合意の上で行う契約ですから、あらかじめもらえる財産の内容を知ることができます。法定相続人ではないお嫁さんに確実に財産を渡すためにも、デメリットも含めてしっかりと話し合ってください。そして後々のトラブルを招かないためにも、契約書の作成は、専門家にご相談されることをお勧めします。

コンサルタント

ありがとうございます。よくわかりました。まずは嫁と話し合ってみます。その上で死因贈与をする場合は、改めて相談に乗ってください。

相談者

◆顧客対応のヒント◆

専門的な言葉の羅列で、相談者の想いが置いて行かれることがないように、順序立ててわかりやすい言葉を選びながら説明することが大切です。その上で死因贈与を選択した場合には、トラブルを未然に防止するためのアドバイスをするとともに、公正証書で契約書を作成するなど、専門家として相談者の安心を第一にしっかりとした準備を整えるお手伝いをしてください。

プラス 1

自筆証書遺言保管制度

相談者Ａ「お母さん、国が遺言書を預かってくれる制度があるって、この間小耳にはさんだんだけど、数年前に書いた遺言書、銀行の貸し金庫に入れてあるけど国に預かってもらったほうがいいかもな」
Ａの妻「それは便利な制度ですね。金庫の使用料もバカにならないし、ぜひ国に預かってもらいましょう。国なら無料で預かってくれるんでしょ？」
相談者Ａ「俺も詳しいことはわからないから、確かお隣の息子が行政書士だったはずだし、ちょっと相談に乗ってもらおうか？」

――ということで、さっそく相談者ご夫婦はお隣の息子である細谷行政書士の事務所を訪ねました。そこには、相続コンサルタントの一橋さんがアシスタントとして同席することになりました。

相談者Ａ「細谷先生、なんか国が遺言を預かってくれるって聞いたんですが本当ですか？」
細谷「はい、本当です。弊社で作成したパンフレットがあるので、これで説明させていただきますね。こちらに記載のとおり、自筆証書遺言書保管制度は令和２年７月10日から開始された制度です。今まで保管方法に迷うことの多かった自筆証書遺言書を、法務局で預かってくれるんです。しかも、遺言書は、民法の定める形式に適合するように作成しなければならないのですが、このチェックもしてくれます。あくまで形式のチェックだけですので、内容についてはご自身の責任で考えなくてはならないことには注意が必要です。この制度を利用することで、ご自身で保管するのとは違い利害関係者による遺言書の破棄、隠匿、改ざん等を防ぐこともできますよ。制度を利用する時に気を付けることは、Ａ４サイズで作成をしないといけないことや余白が決まっています。複数ページになる場合には、余白内にページ番号を記載する必要があります。このような条件を満たしていないと保管してくれません。それから、遺言書の保管の申請１件につき、パンフレットに記載してある額を、手数料として法務局に支払う必要があります」
相談者Ａ「法務局ってなんですか？　国が預かるって聞いたんだけど。それに書き方とかあるの？　余白って？？？」
Ａの妻「それにお金もかかるんですか。３万9,000円？　高いですね！」
細谷「いえいえ、手数料はそんなにかかりませんよ。こちらに記載してありますが3,900円です」

Aの妻「あら、ホントだわ。字が小さくって見えにくいわね……」

一橋「少し、細谷先生のご説明を補足させていただきますね。法務局というのは、法務省という国の機関のことなので、法務局イコール国って考えてもらっていいんですよ。

それに書き方が決まっていて、細谷先生が言うようにＡ４サイズの用紙、この大学ノートと同じ大きさの紙ですね。これに最低限、上部５㎜、下部10㎜、左20㎜、右５㎜の余白をとらないとダメなんですが、ここは当事務所がお手伝いしますからご安心ください」

相談者Ａ「なんだ、法務局って国の機関のことだったんだ。知らなったよ。あそこは家の登記をする場所だとばかり思っていたから。それに書き方をサポートしてくれるなら安心だ」

細谷「ご理解いただけて良かったです。よろしければ、以前に作成されたという遺言を拝見してもいいですか？　このまま法務局の保管制度を利用できるのか、改めて遺言書の作成をしなければならないのかを確認させていただきます」

相談者Ａ「はい、これです。書き方自体は間違ってないですよね？」

相談者が取り出したのは自筆証書遺言ではなく公正証書遺言だった。

細谷「これ、公正証書遺言ですね。法務局が預かってくれるのは自筆証書遺言で……」

相談者Ａ「えっ？　これは預かってもらえないの？」

細谷「公正証書遺言は、もう公証役場で原本を保管しているので……」

一橋「このパンフレットのここをよく見てくださいね。じ・ひ・つ証書遺言書保管制度と書いてあるとおり、ご自身で手書きされた遺言書を預かってくれる制度のことなんですよ」

相談者Ａ「あちゃ～、とんだ勘違いだった！　こりゃ失礼しました」

説明時のワンポイントアドバイス

①　難しい用語が続くと拒絶反応をおこす人が多いので、できるだけ一気に説明をせずにかみ砕いて、相手の理解を確認しながら説明する。

②　パンフなどを用いて説明する場合は、今どこを話しているのか指で指し示し、特に細かい数字などは読み間違えのないように丁寧に説明する。

③　自社でパンフを作る場合は字の大きさにも注意して見えやすく工夫する。

（一橋香織／細谷洋貴）

おわりに

本書は相続の実務家（士業・相続コンサルタント）の皆さんが、現場で相談者の方とスムーズにコミュニケーションがとれるようにと執筆しました。

読後の感想はいかがでしょうか？

「この言葉に言い換えれば、理解しづらい専門用語が伝わるかも」

「こういう説明の仕方もあるのか」

「参考になった、現場で使ってみよう」

このような感想を持っていただければ筆者らも嬉しく思います。

相続ビジネスは今後ますます、市場拡大傾向でしょう。この本を手に取ってくださった皆さんが、真にお客様の立場に立ち「争う争族」を日本から一件でも減らし、家族の絆を取り戻す「笑顔相続」の普及に向けて尽力いただけますよう願っています。

最後に、本書を執筆するに当たり多くの仲間が力を貸してくれました。相続の現場で培ったノウハウを惜しみなく提供してくれたことにも心より感謝しています。

皆さんとこの本を執筆できたことを誇りに思います。

今後は、さらに「笑顔相続」普及をし「笑顔相続で日本を変える」ために共に頑張っていきましょう。

また、この本を手に取ることなく、突然、この世を去ってしまった共著者、谷口容一さんが、天国から出版の成功を見守ってくれていると信じています。

一橋　香織

編者・監修者・著者略歴

【編　者】

一橋　香織（ひとつばし・かおり）
笑顔相続サロン® 本部　代表
上級相続診断士、終活カウンセラー１級、社会整理士、家族信託コーディネーター、生前整理アドバイザー１級、笑顔相続コンサルティング㈱ 代表取締役、（一社）縁ディングノートプランニング協会 代表理事、（一社）アクセス相続センター 理事、（一社）終活カウンセラー協会 顧問、（一社）夫婦問題診断士協会 理事、㈱はなまる手帳 顧問

＜経歴等＞

外資系金融機関を経てFPに転身。頼れる相続診断士・相続コンサルタントとしてこれまで5,000件以上の相続相談の実績を持つ。メディア出演（テレビ朝日「たけしのTVタックル」TBSテレビ「Nスタ」「ビビット」テレビ東京「なないろ日和」など）多数。笑顔相続を普及するための専門家を育成する『笑顔相続道』及び日本で初の相続・終活を学べるオンラインサロン「笑顔相続アカデミー」主宰。

＜著　書＞

『家族に迷惑をかけたくなければ相続の準備は今すぐしなさい』（PHP研究所）、『終活・相続の便利帖』（日本法令）、『終活・相続コンサルタントが活躍するための実践手引書』（日本法令、共著）、『相続コンサルタントのための　はじめての遺言執行』（日本法令、共著）、他多数

笑顔相続コンサルティング㈱
〒103-0013　東京都中央区日本橋人形町2-13-9　FORECAST人形町７階
電　話　03-3567-6777
メール　info@egao-souzoku.com
ＵＲＬ　https://egao-souzoku.com
＜京都サテライトオフィス＞
〒615-8106　京都府京都市西京区川島滑樋町41-1　スタンザ桂103
＜大阪支社＞
〒541-0046　大阪府大阪市中央区平野町2-1-2　沢の鶴ビル６Ｆ

【監修者】（五十音順）

小川　　実（おがわ・みのる）

上級相続診断士、終活カウンセラー２級、税理士、行政書士、（一社）相続診断協会 代表理事、（一社）成長企業研究会 代表理事

＜経歴等＞

1963年生まれ。成城大学経済学部卒。税理士・社会保険労務士・行政書士のワンストップサービスを行う HOP グループ代表。一般社団法人成長企業研究家で中小企業支援、一般社団法人相続診断協会では笑顔相続の普及に力を入れている。

＜著　書＞

『小さな会社の「仕組み化」はなぜやりきれないのか』（アスコム）、『家族に迷惑をかけない死ぬまでにやっておくべき生前対策30事例』（日本法令、共著）、『良い相続・悪い相続　チャートで把握する相続危険度』（日本法令、共著）、『相続対策の「御法度」事例集』（日本法令、共著）など多数

HOP グループ
〒103-0013　東京都中央区日本橋人形町2-13-9　FORECAST人形町７階
電　話　03-5614-8700
メール　m-ogawa@group-hop.com
ＵＲＬ　https://group-hop.com/

木野　綾子（きの・あやこ）

上級相続診断士、終活カウンセラー２級、家族信託専門士、社会保険労務士、弁護士、（一社）相続診断協会 法務委員、NPO 法人長寿安心会 副代表理事

＜経歴等＞

1971年生まれ。早稲田大学政治経済学部卒。13年間の裁判官生活を経た後、2010年に弁護士登録（第一東京）。2016年「法律事務所キノール東京」を開設し、現在に至る。専門分野は、相続、労働（使用者側）、不動産関係。

＜著　書＞

『相続コンサルタントのためのはじめての遺言執行」（日本法令、共著）、『家族間契約の知識と実践』（日本法令、共著）、『終活・相続コンサルタントが活躍するための実践手引書』（日本法令、共著）、『シニア六法』（KADOKAWA、共著）、『別れても相続人』（光文社、共著）など多数。

法律事務所キノール東京
〒105-0003　東京都港区西新橋1-21-8　弁護士ビル503
電　話　03-5510-1518
メール　kino-ayako@kinorr.tokyo
ＵＲＬ　https://kinorr-tokyo.com/

【著　者】（五十音順）

秋山　千穂（あきやま・ちほ）

笑顔相続サロン® 甲府 代表

上級相続診断士、終活カウンセラー２級、損害保険トータルプランナー、トータルライフコンサルタント（生命保険協会認定 FP）、夫婦問題診断士、㈱エニシア 代表取締役

＜経歴等＞

20年間の医療機関勤務の後、保険業界に転身。国内生命保険会社勤務を経て、総合保険代理店として独立。保険・相続終活・夫婦問題など自分自身の経験をもとにトータル的なアドバイスとプランニング。地元自治体と連携し、終活講座・エンディングノートセミナー講師を務める。

＜著　書＞

『良い相続・悪い相続　チャートで把握する相続危険度』（日本法令、共著）

㈱エニシア

〒400-0828　山梨県甲府市青葉町7-14　司ビル105

電　話　055-269-8540

メール　info@enisia.net

ＵＲＬ　http://egao.enisia.net

粟生　菜摘（あわお・なつみ）

笑顔相続サロン® 渋谷 in awaka 代表

笑顔相続道８期修了、秘書検定２級、ホームステージャー２級、士業とビジネスチームをつくる会「awaka」代表、㈲ R-Hearts 取締役、㈱シームレス 執行役員

＜経歴等＞

大手広告代理店での秘書室勤務を経て、大手流通会社にて広報を経験。現在は、士業・不動産・保険業が約８割の会員制組織を運営。約145名（2023年11月時点）の相続・事業承継等を強みとする専門家が所属している。関西・関東・札幌での不動産賃貸業と、不動産賃貸業者と建設業のマッチング事業も行っている。家族間での不動産賃貸業承継における家族信託活用経験と、家族の相続対策における保険・不動産の活用経験あり。

㈱ awaka

〒151-0053　東京都渋谷区代々木5-67-7

電　話　03-6823-8950

メール　info@awaka.jp

ＵＲＬ　https://awaka.jp/

石塚　安代（いしつか・やすよ）
笑顔相続サロン®　茨城 代表
相続診断士、終活カウンセラー１級、認知症対策アドバイザー、２級ファイナンシャルプランニング技能士、公的保険アドバイザー、住宅ローンアドバイザー、みんなの笑顔相続事務所 代表、㈱コンダクト 代表取締役、茨城相続診断士会（2015年～2020年会長、2021年～現在　副会長）、（一社）相続・事業承継協会　「事業承継」「相続」「認知症対策」会員

＜経歴等＞
銀行勤務を経て数社の会社経営を行い、その後独立系 FP へ転身。個人や企業が直面するリスクマネジメント（CRO）の資格を活かし金融コンサルティング業務を27年続けている。世界の金融と保険のプロ組織である MDRT に23年連続入賞。法人・個人の相談実績は累計7,000件を超す。茨城赤十字社主催の「終活セミナー講師」や「終活について」のラジオ出演等で好評を得る。茨城県全域で開催の「人生100年時代をどう生きるか」の講演では延べ1,300名の受講者を集めた。商工会議所等の依頼で終活の講演活動を継続。

＜著　書＞
「相続について」AERA2014年２月３日記事、『これからの保険選び』（幻冬舎、共著）

笑顔相続サロン®　茨城
〒305-0854　茨城県つくば市上横場2573-11
電　話　0120-127-713
メール　info@souzoku-ibaraki.com
ＵＲＬ　https://souzoku-ibaraki.com

稲葉壮一朗（いなば・そういちろう）
笑顔相続サロン®　千葉 代表
上級相続診断士、終活カウンセラー２級

＜経歴等＞
買取り専門店にてブランド品、ジュエリー、骨董品を中心に、年間1,200件以上の買取りを行う。遺品整理業界に転身、買取に強い遺品整理業者ジョイントバリューに入社後、「相続を深く知らなければ、真にお客様に寄り添うことはできない。」と相続の勉強を開始。上級相続診断士と終活カウンセラーの資格を取得し、相続コンサルタント育成のセミナーや相続の勉強会に積極的に参加している。千葉県相続診断士会の事務局を務める。

笑顔相続サロン®　千葉
〒263-0051　千葉県千葉市稲毛区園生町849-3-6-404
電　話　080-5241-5733
メール　inaba@legacy-link.jp

稲場　晃美（いなば・てるみ）
笑顔相続サロン® 南青山 代表
宅地建物取引士、相続診断士、２級ファイナンシャルプランニング技能士、AFP、住宅ローンアドバイザー、㈱高田デザインスタジオ 代表取締役、新潟県相続診断士会 副会長

＜経歴等＞

【経営理念】すまいと想いのバトンを繋ぎ、みんなの笑顔を100年先へ。【事業定義】お金と不動産相続のコンシェルジュ。一人一人の気持ちに寄り添い、大切な資産を100年先まで承継するお手伝いを！　関連士業等と連携し、ワンストップで課題解決に向け親身に対応。相続に強い不動産屋として、東京と新潟の二拠点で営業中。特に遠方にある実家の困りごとを得意とする。

笑顔相続サロン® 南青山
〒107-0062　港区南青山4-17-33　グランカーサ南青山　NAGAYA AOYAMA
電　話　090-2932-0822
メール　egao@happy-ending.info
ＵＲＬ　https://happy-ending.info/

上木　拓郎（うえき・たくろう）
笑顔相続サロン® 北九州 by アンド・ワン 代表
司法書士、行政書士、アンド・ワン司法書士法人 代表、アンド・ワン行政書士法人 代表、一般社団法人家族えんまん相続協会 代表理事

＜経歴等＞

2012年から、一般市民や金融機関、士業、相続コンサルタント向けに毎年20件以上相続や家族信託のセミナーや営業研修を行い、争族対策の必要性を伝えている。毎年300件以上、相続相談を受け、相続で悩む家族や遺族のサポートをしている。特に、行方不明者、腹違い・種違いの兄弟、10人以上の相続人がいるケースを、12年にわたり多数解決してきている。2023年６月、YOUTUBE チャンネル「相続デザイナー上木拓郎」を開設。現在、相続の道で活躍を目指す後輩に相続コンサルティングを指導・教育し、共に全国に笑顔相続を届けつつ、これからの司法書士・行政書士の在り方を探求する。

アンド・ワン司法書士法人
〒104-0061　東京都中央区銀座1-20-14　KDX 銀座一丁目ビル１階
電　話　03-6264-7045
メール　info@andone-ueki.jp
ＵＲＬ　https://andone-ueki.jp

小笹　美和（おざさ・みわ）
笑顔相続サロン®　京都 代表
上級相続診断士、終活カウンセラー１級、社会整理士・介護支援専門員・介護福祉士、㈱ここはーと相続事務所 代表取締役、（一社）縁ディングプランニング協会 理事、全国相続診断士会事務局・京都相続診断士会会長、（一社）社会整理士育成協会 事務局長
＜経歴等＞
介護業界に23年従事した後、相続診断士の資格を活かし相続コンサルタント業界へと転身し独立。区役所介護保険課での審査会事務局や訪問調査員、ケアマネジャーなど1,000件を超える高齢者との面談実績を持つ。わかりやすい説明で寄り添う相続診断士としてアドバイスには定評がある。相続・終活・介護セミナー講師として一般向け講演、企業向け研修など幅広く活動を行っている。
＜著　書＞
『家族に迷惑をかけない死ぬまでにやっておくべき生前対策30事例』（日本法令、共著）、『STOP 孤立死　実践編』（電子書籍、共著）

㈱ここはーと相続事務所
〒615-8105　京都府京都市西京区川島莚田町9-3-D3
電　話　075-950-0397
メール　cocoheartoffice@gmail.com
ＵＲＬ　https://cocohearto.com/

金澤　嘉宏（かなざわ・よしひろ）
笑顔相続サロン®　近畿 Treeties 代表
相続診断士、終活カウンセラー２級、２級ファイナンシャルプランニング技能士、Treeties㈱ 代表取締役
＜経歴等＞
銀行、外資系金融機関での経験を経てFPへ転身。学生時代に、親族内での相続争いを目の当たりにした経験から、相続コンサルティングに特化したFPとして活動。「想いを繋ぐ・結ぶ」をモットーにセミナー講演などの情報発信にとどまらず、毎年200件以上の新規相続相談を実施。不動産と保険に強い相続コンサルタントとしてこれまでに1,500件の相談実績を持つ。

Treeties㈱
〒530-0001　大阪府大阪市北区梅田1-11-4　大阪駅前第４ビル９階（923）
電　話　03-6822-6276
メール　infomation@treeties.jp
ＵＲＬ　https://treeties.jp/

栗原　久人（くりはら・ひさと）

笑顔相続サロン® 静岡 代表

上級相続診断士、終活カウンセラー２級、AFP、承継寄付診断士、生前整理アドバイザー２級、住宅ローンアドバイザー、㈲シー・フィールド 代表取締役

＜経歴等＞

保険代理店経営・ファイナンシャルプランナー歴共に21年。ライフプラン設計や保険の見直し相談件数は2,000件を超える。笑顔相続サロン®静岡にて、相続と終活のコンサルティングを行う。相続診断士×終活カウンセラー×ファイナンシャルプランナーの相乗効果で相続＋終活＋人生設計（ライフプラン＆生前対策）のトータル対策を得意としている「相続」・「終活」及び「賢いおかねの育て方」等のセミナーを数多く開催中。

＜著　書＞

『良い相続・悪い相続　チャートで把握する相続危険度』（日本法令、共著）、『もう会えないとわかっていたなら』（扶桑社、共著）

㈲シー・フィールド
〒427-0005　静岡県島田市岸町643-4
電　話　0547-33-1666
メール　kurihara.hisato@c-field.com
URL　https://egao.lpsoudanya.com/

小泉　栄作（こいずみ・えいさく）

笑顔相続サロン® 静岡

上級相続診断士、AFP、トータルライフコンサルタント（生命保険協会認定FP）、公的保険アドバイザー、終活カウンセラー２級、㈲シーフィールド 専務取締役

＜経歴等＞

地方銀行に入行後、外資系保険会社を経て現在に至る。ライフプラン作成の依頼を中心に、身近なお金の専門家として活動。民間企業と連携し子育て世代向けのお金の講座を開催しながら小中学校でのキャリア教育授業、寿大学での遺言書作成の必要性や女性起業家のためのお金の講座など民間と行政の両方で講師を務める。

＜著　書＞

『良い相続・悪い相続　チャートで把握する相続危険度』（日本法令、共著）

㈲シー・フィールド
〒427-0005　静岡県島田市岸町643-4
電　話　0547-33-1666
メール　koizumi.eisaku@c-field.com
URL　https://egao.lpsoudanya.com/

小林　幸生（こばやし・ゆきお）
笑顔相続サロン® 京都乙訓 代表
宅地建物取引士、上級相続診断士、終活カウンセラー２級、夫婦問題診断士、２級ファイナンシャルプランニング技能士、関西相続診断士会 副会長、離婚準備支援協会 関西支部長、笑顔相続道 不動産講師
<経歴等>
近畿二府四県を中心に、相続及び離婚問題からの自宅等の調査・査定・処分・対策専門の不動産業者として、相続及び離婚コンサルタントを下支えする役割を担う。令和２年には行政書士資格試験に合格、遺言・相続・離婚に悩んだり困った人たちの役に立つため、相続・離婚・不動産業務の三刀流として活動している。
近畿の相続と離婚は「ゆっきー」にどうぞお任せを！

笑顔相続サロン® 京都乙訓
〒550-0003　大阪府大阪市西区京町堀一丁目11番７号
電　話　0120-115-702
メール　entrykobayashi@yahoo.co.jp

昆　　充芳（こん・みよし）
笑顔相続サロン® 新潟 TUNAGU みんなの相続診断士事務所 代表
相続診断士、終活カウンセラー１級、家族信託普及協会® 会員、２級ファイナンシャルプランニング技能士、古民家鑑定士１級、未来会計マスター®、終活・相続の相談室代表、MFC（同）代表社員、FillHeart 代表、CONEXEED㈱ 代表取締役、新潟未来のこどもを守る会 代表、新潟県相続診断士会 会長（2018年～2023年３月）
<経歴等>
金融・健康・食に関する総合アドバイザーとして活動。『笑顔相続ノート』の作成から相続・家族信託に関するセミナーを2020年から毎月開催。新潟国際情報大学オープンカレッジ公開講座にて「家庭けいざい入門」、「相続セミナー」、「笑顔相続ノート作成セミナー」等開催。新潟市キャリア啓発事業地元職業人講演会として新潟市内中学校にて講演会（2019年～毎年２～３回）継続中。新潟日報折込新聞《るーと》にて「自分も家族も困らせない相続のお話」で執筆。
<著　書>
『相続対策の「御法度」事例集』（日本法令、共著）

MFC 合同会社
〒950-0981　新潟県新潟市中央区堀之内50-10
電　話　050-3550-2268
メール　miyo@mfc-m.com
ＵＲＬ　https://www.niigata-souzoku.mfc-m.com/

髙橋　正芳（たかはし・まさよし）

笑顔相続サロン® にいがた中央 代表

上級相続診断士、終活カウンセラー１級、えんたけ行政書士事務所 代表、えんたけなわ㈱ 代表取締役、予防終活アソシエイトジャパン 共同代表

＜経歴等＞

浅草東洋館レギュラー出演の元浅草芸人。芸名「縁竹縄（えんたけなわ）」。昭和の喜劇王エノケンをギターで弾き語り、高齢者に朗らかな笑いを届ける。芸人行政書士として「楽しい終活セミナー」の講師を年間50回担当。2023年、認知症予防ベンチャー企業と「予防から介護、終活、エンディングまで」をテーマとした団体「予防終活アソシエイトジャパン」を設立。全国の自治体、金融機関等へ「認知症予防・終活講演」を行っている。2023年から、笑って学べる「終活漫談」の公演をスタート。メディア出演（NHK「おはよう日本」UX 新潟テレビ21「まるどりっ！」等）

えんたけ行政書士事務所
〒959-1301　新潟県加茂市大字北潟124番地
電　話　0256-55-6139
メール　info@entake.net
ＵＲＬ　https://entake.net/

髙橋まどか（たかはし・まどか）

笑顔相続サロン® 東京多摩～ with-U ～ 代表

上級相続診断士、終活カウンセラー２級、AFP、東京多摩相続診断士会 会長、合同会社 with-U（ウィズユー）代表社員

＜経歴等＞

商社勤務後、保険業界へ転身。東京多摩地区を中心に、相続セミナーマネーセミナー講師、アドバイザーとして活躍。ファイナンシャルプランナーとして30年の経歴の中で、3,000件以上の相続やお金のコンサルティング、セミナー年間約50件以上の実績を持つ。また、地元八王子市で毎月開催の相続セミナーは、2023年10月で90回を迎える。各士業と連携し、わかりやすい言葉での総合的な相続コンサルティングに定評がある。

＜著　書＞

『相続図鑑～相続で崩壊する家族39パターン』（日本法令、共著）、『笑顔で相続をむかえた家族50の秘密』（日本法令、共著）

合同会社 with-U
〒190-0012　東京都立川市曙町2-32-3　立川三和ビル801
電　話　0120-915-186
メール　m.takahashi@with-u.tokyo
ＵＲＬ　https://with-u.tokyo

髙橋　美春（たかはし・みはる）
笑顔相続サロン®　本部
笑顔相続道７期修了、相続診断士、終活カウンセラー２級、承継寄付診断士、秘書検定２級、損害保険トータルプランナー、AFP
＜経歴等＞
一橋香織の秘書。証券会社に８年勤務し、国内生命保険会社に勤務したのち、保険代理店に転籍。IFA の立ち上げから廃業まで携わる。有価証券の承継に強み。
＜著　書＞
『１週間で身につく14歳からの投資』（ぱる出版）

笑顔相続コンサルティング㈱
〒103-0013　東京都中央区日本橋人形町2-13-9　FORECAST 人形町７階
電　話　03-3567-6777
メール　hisho@egao-souzoku.com
ＵＲＬ　http://egao-souzoku.com

竹内　誠一（たけうち・せいいち）
笑顔相続サロン®　銀座 代表
社会保険労務士、相続診断士、AFP、キャリアコンサルタント、夫婦問題診断士、健康経営エキスパートアドバイザー、ブライダルソムリエ、竹内 FP 社労士事務所 代表
＜経歴等＞
国家公務員として厚生労働省・日本年金機構に23年間勤務し、年金行政職に従事。在職中に、社会保険労務士、ファイナンシャルプランナー、キャリアコンサルタントの資格を取得し、2016年７月に独立・開業。現在は、中小企業・起業家の経営・ビジネスの支援から年金・老後資金に強い社労士として個人のライフプランから相続・終活をサポート、さらに恋愛・婚活コンサルティングから夫婦問題の解決まさにゆりかごから墓場までのサポートを展開。

竹内 FP 社労士事務所
〒104-0061　東京都中央区銀座7-13-6　サガミビル２階
電　話　050-1340-4601
メール　takeuchi@stakeuchi.com
ＵＲＬ　https://egaosouzoku-ginza.com/

竹内みどり（たけうち・みどり）

笑顔相続サロン® 名古屋 代表
上級相続診断士、終活カウンセラー２級、DC アドバイザー、企業年金管理士（確定拠出年金）、公的保険アドバイザー、夫婦再生カウンセラー、NPO 法人 日本 FP 協会 CFP®、１級ファイナンシャル・プランニング技能士、㈱さくら総合オフィス 代表取締役、さくら総合法律事務所 FP 部門長

＜経歴等＞

「笑顔になる相続で日本を幸せな国にする」ことを目的として、「相続する人」の対策と「相続をしてもらう人」の対策をしている。「相続する人」の対策としては、生前に争いの種をつんでおく手続き。「相続をしてもらう人」の対策としては、「企業に確定拠出年金の導入とその後の投資教育」をしてもらい、社員教育として「お金の作り方」を伝える。この両輪で、争い族の防止の活動をしている。

＜著　書＞

『良い相続・悪い相続　チャートで把握する相続危険度』（日本法令、共著）

㈱さくら総合オフィス
〒460-0003　愛知県名古屋市中区錦2-4-3　錦パークビル２階
電　話　052-265-6939
メール　midoritakeuchi@sakura-sogo.jp
ＵＲＬ　https://smile.sakura-sogo.jp/top

谷口　容一（たにぐち・よういち）

笑顔相続サロン® 関西 代表
上級相続診断士、AFP、２級ファイナンシャルプランニング技能士、終活カウンセラー２級、㈱谷口総合相続事務所 代表取締役

＜経歴等＞

金融機関にて29年間、様々なお客様と出会い相談に乗ってきた経験を活かし、相続コンサルタントとして独立。中立的な立場での相続相談と相談者に寄り添っていくことを信条としている。また、士業の先生と協力しながら仕事を進めており、笑顔相続という思想に賛同し、多くの方に共感して頂けるように、日々、明るく、わかりやい対応を心掛けている。

㈱谷口総合相続事務所
〒550-0002　大阪府大阪市西区江戸堀2-1-1　江戸堀センタービルＢ１
電　話　06-7175-7720
メール　info@ts-souzoku.co.jp
ＵＲＬ　https://ts-souzoku.co.jp

寺門美和子（てらかど・みわこ）

笑顔相続サロン® 新宿 代表

相続診断士、終活カウンセラー２級、AFP、公的保険アドバイザー、上級プロ夫婦問題カウンセラー、(一社)夫婦問題診断士協会代表理事、(一社)離婚準備支援協会本部相談役

＜経歴等＞

『お金と相続と夫婦問題の専門家』。執筆・メディア出演多数。29歳で結婚し48歳で3年3か月の泥沼裁判の末離婚。失意のどん底から、資格を重ね52歳で起業。FP 試験合格日に運命の人一橋香織師匠と出会う。前職で約5万人のカウンセリング経験から、夫婦家族問題のカウンセラーになるものの「お金と相続」問題は大きなポイントになると知り、相続コンサルタントも兼務する。「何を誰に相談したらよいかわからない」人の相談が得意。

＜著　書＞

『別れても相続人』（光文社、共著）、『シニア六法』（KADOKAWA、共著）、『離婚約、してみました』（監修：光文社）

Miwa Harmonic Office
〒151-0053　東京都渋谷区代々木2-21-8　ファミール新宿 GS タワー1104号
電　話　03-3320-4452
メール　zmie19@ miwako.biz
URL　https://miwako.biz/

徳武　聡子（とくたけ・さとこ）

笑顔相続サロン® みしま 代表

司法書士、上級相続診断士、終活カウンセラー１級、司法書士法人和み 代表

＜経歴等＞

法律事務所勤務を経て、2003年大阪司法書士会登録。「お客様のより良い人生の伴奏者」をモットーに。現在では、相続×成年後見×終活を基軸として業務を営む。債務整理と成年後見で培った社会保障の知識とヒアリング力を活かし、本人の希望する生活の維持を主眼に置いた法的支援を心がけ、高齢者や障害者がいつまでも安心して生き生きと暮らせるよう、日々奮闘中。

＜著　書＞

『相続対策の「御法度」事例集』（日本法令、共著）、『家族に迷惑をかけない　死ぬまでにやっておくべき生前対策30事例』（日本法令、共著）

司法書士法人和み
〒569-1124　大阪府高槻市南芥川町８番32号ニューサンハイツ203
電　話　072-648-3575
メール　satotoco@nifty.com
URL　https://753-office.com/

徳永　和子（とくなが・かずこ）
笑顔相続サロン® 四国 代表
生前整理アドバイザー認定講師、生前整理相続アドバイザー、清掃マイスター認定講師、相続診断士、証券一種外務員資格、実践心理学メンタルカウンセラー・メンタル講師、きずき本舗 副代表、生前整理スクラップブッキング 認定講師
＜経歴等＞
人生理念「ささえあい（支え愛）」★人生最後まで元気に生き切るをお手伝い★
講演実績は東海学園大学・徳島藍ライオンズ等全国で10か所で開催。40年間内外資系証券でウエルスマネージメント（資産運用）（2020年定年退職）。金融市場の暴落を４度経験し、資産運用全般のご相談を全国から受けてきている。退職後、地元徳島で主人と一緒に活動（きずき本舗・笑顔相続サロン®四国）。業務は、生前整理・遺品整理・資産運用（セカンドオピニオン）・相続コンサル等。相続診断士として、人生の整理のお手伝いをしている。「笑顔相続につながる、あったかい人生整理」を一緒にやっていきましょう。

きずき本舗・笑顔相続サロン® 四国
〒776-0002　徳島県吉野川市鴨島町麻植塚328-8
電　話　0883-24-7220
メール　nonnkako1102@gmail.com
ＵＲＬ　https://kizukihompo.com/egao-souzoku/

浜田　政子（はまだ・まさこ）
笑顔相続サロン® 愛媛 代表
相続診断士、終活カウンセラー１級、生前整理アドバイザー１級、TLC（生命保険協会認定 FP）、公的保険アドバイザー®、夫婦問題診断士®、愛媛県相続診断士会 会長
＜経歴等＞
愛媛を拠点に相続・終活のコンサルタント業をしている。また、ホンマルラジオのパーソナリティーとして相続が争族にならないようゲストの方と全国へ情報発信。相続において想いを残す大切さを伝え生前に相続について家族で話し合える社会を目指している。キャッチフレーズ：１人で悩まず、まずノック！
＜著　書＞
『もう会えないとわかっていたなら』（扶桑社、共著）、『家族に迷惑をかけない　死ぬまでにやっておくべき生前対策』（日本法令、共著）

浜田コンサルタント事務所
〒793-0041　愛媛県西条市神拝甲237-1
電　話　090-8976-2200
メール　info@run-smile.com
ＵＲＬ　https://run-smile.com/

藤井利江子（ふじい・りえこ）
笑顔相続サロン® 大阪 代表
行政書士、上級相続診断士、終活カウンセラー１級、（一社）アクセス相続センター 理事、行政書士法人アクセス
<経歴等>
一般社団法人アクセス相続センターを中心に、行政書士法人アクセス、税理士法人アクセスが各種専門家と連携し、皆さまへ『100年モノの安心感』をモットーとし、金融機関で25年勤務した知識と経験を活かし、「知っていれば防げたこと」をお伝え。
<著　書>
『家族間契約の知識と実践』（日本法令、共著）、『家族に迷惑をかけない　死ぬまでにやっておくべき生前対策30事例』（日本法令、共著）

一般社団法人アクセス相続センター
〒541-0046　大阪府大阪市中央区平野町2-1-2　沢の鶴ビル６階
電　話　0120-279-450
ＵＲＬ　https://act-cess-souzoku.com/

細谷　洋貴（ほそや・ひろき）
笑顔相続サロン® 大阪
相続診断士、終活カウンセラー２級、（一社）アクセス相続センター 代表理事、行政書士法人アクセス 代表
<経歴等>
一般社団法人アクセス相続センターを中心に、行政書士法人アクセス、税理士法人アクセスが各種専門家と連携し、『100年モノの安心感』を届けることをモットーとし、「予防法務」の専門家として、皆さまの笑顔を守るため、いつも笑顔で対応を心がけている。相続相談実績：1,500件超、遺言書作成実績：300件超、セミナー講師実績：200件超

一般社団法人アクセス相続センター
〒541-0046　大阪府大阪市中央区平野町2-1-2　沢の鶴ビル６階
電　話　0120-279-450
ＵＲＬ　https://act-cess-souzoku.com/

堀口　実（ほりぐち・みのる）
笑顔相続サロン® 日本橋 代表
上級相続診断士、終活カウンセラー２級、AFP、宅地建物取引士、東京相続診断士会会長、㈱エム・スタイル 代表取締役、（一社）シニアライフの相談窓口 代表理事

＜経歴等＞
法政大学法学部卒業。新卒で住宅ローン会社に10年勤務。外資系の保険会社にヘッドハントをされ６年、乗合代理店に22年。ファイナンシャルプランナー歴28年で3,000件以上の相談実績を持つ。メディア出演　ラジオ日経「マーケットトレンド」。エイブル全国賃貸オーナーズフェスタ　講師。三越日本橋本店　コミュニティサロン　マネー講座　など講師歴多数。

＜著　書＞
『良い相続・悪い相続　チャートで把握する相続危険度』（日本法令、共著）、『もう会えないとわかっていたなら』（扶桑社、共著）、『家族に迷惑をかけない　死ぬまでにやっておくべき生前対策』（日本法令、共著）

㈱エム・スタイル
〒103-0022　東京都中央区日本橋室町1-1-5　日本橋ビル３階
電　話　0120-285-445
メール　horiguchi@m-style.ptu.jp
ＵＲＬ　http://www.ms-style.net

松原　尚実（まつばら・なおみ）
笑顔相続サロン® 兵庫 代表
相続診断士、終活カウンセラー２級、２級建築士、１級インテリア設計士、既存住宅住宅状況調査技術者、ハウスインスペクター、AFP、兵庫県相続診断士会 会長、松原設計事務所 代表

＜経歴等＞
食品メーカーで事務職をしながらインテリアデザインを学び、工務店、建築設計事務所、ハウスメーカーで主に住宅の建築設計に携わる。建て替えのご相談時に、相続登記を含め相続手続きが全くされておらず、話が進まないこともあったため、相続診断士を取得し相続について学び、笑顔相続を広めることに賛同し、相続コンサルタントとして独立。空き家対策などから相続の相談を受けている。

笑顔相続サロン® 兵庫
〒675-1127　兵庫県加古郡稲美町中一色188
電　話　079-440-3118
メール　egao-hyougo@ares.eonet.ne.jp
ＵＲＬ　https://egao-souzoku.com/salon-all/#0011

松本　啓佑（まつもと　けいすけ）
笑顔相続サロン®　広島 代表
相続診断士、終活カウンセラー２級、生命保険募集人資格、証券外務員２種、㈱松本ライフプラン 代表取締役
＜経歴等＞
複数の保険会社を取扱う乗合保険代理店を経て、相続のサポートを行う㈱松本ライフプランを設立。各専門家と連携しながら、相談者の相続の想いを叶える支援をしている。相続業務を行う専門家向け勉強会「広島県相続診断士会」を主宰。
＜著　書＞
『笑顔で相続を迎えた家族　50の秘密』（日本法令、共著）

㈱松本ライフプラン
〒733-0851　広島県広島市西区田方１丁目12-3-33
電　話　050-7132-9509
メール　matsumoto@mlpc.co.jp
ＵＲＬ　https://mlpc.co.jp/

諸隈　　元（もろくま・げん）
笑顔相続サロン®　松本 代表
上級相続診断士、終活カウンセラー１級、２級ファイナンシャルプランニング技能士、AFP、住宅ローンアドバイザー、２級 DC プランナー、（一社）グッドライフ信州 代表理事、日本 FP 協会長野支部 副支部長
＜経歴等＞
18年間人材派遣会社の役員を務め、外資系金融機関を経て FP に転身。「人生は後半こそが本番」を合言葉に、人生100年時代の後半を楽しく豊かにおくるための相談窓口として活動。特に相続問題に明るく、相続、任意後見、遺言執行、死後事務委任等、数多くの相談を受けている。
＜著　書＞
『良い相続・悪い相続　チャートで把握する相続危険度』（日本法令、共著）

（一社）グッドライフ信州
〒390-0828　長野県松本市庄内１丁目7-12　高木ビル２Ｆ
電　話　0263-87-7178
メール　g.morokuma@gmail.com

山田　一博（やまだ・かずひろ）
笑顔相続サロン® 京都やまだ事務所 代表
京都市市民後見人、ADR 認定土地家屋調査士、相続対策専門士、測量士、相続診断士、終活カウンセラー、家族信託専門士、家族信託コーディネーター、不動産コンサルティングマスター、生前整理アドバイザー、M&A スペシャリスト、シニアライフカウンセラー、賃貸不動産経営管理士、京都市地域空き家相談員、京都土地家屋調査士会 相談役
＜経歴等＞
測量・登記を中心に不動産のコンサルティングを行い、開業当初より相談、調査、問題解決の提案と適正かつ安心、レスポンスを重視した業務を29年にわたり行う。土地家屋調査士、測量士、不動産コンサルティングマスター等の資格者を従事させ、また多くの専門家と連携し登記にとどまらず、あらゆる不動産問題の相談解決の実績を持つ。全国各地にも出張及びセミナー等も行い、日本全国各地においての要望にも応えている。
＜著　書＞
『官民境界確定の実務－Ｑ＆Ａと事例解説－』（新日本法規）、『殻を破る！ 土地家屋調査士が今こそ果たすべき役割』（金融財政事情研究会）

～測量・登記～京都やまだ事務所／土地家屋調査士　山田一博事務所
〒615-8027　京都府京都市西京区桂朝日町38番地3
電　話　075-381-5000
メール　kyotoyamada@live.jp
ＵＲＬ　http://kyotoyamada.com

善見　育弘（よしみ・やすひろ）
笑顔相続サロン® 阪神 代表
宅地建物取引士、相続診断士、国土交通大臣認定不動産コンサルティングマスター、相続対策専門士、相続支援コンサルティング、法務大臣認証日本不動産仲裁機構 ADR 調停人、AFP、２級ファイナンシャルプランニング技能士、NPO 法人空き家相談センター 理事、㈲丸善プランニング 代表取締役
＜経歴等＞
相続空き家の諸問題解決。宅建業歴30年、FP 歴25年の経験を活かし、相続不動産に特化したコンサルティング業務を行っている。昨今の社会問題でもある空き家の原因は相続に起因するものが多く、長期に放置されることがないように、所有者に寄り添い利活用や売却など、早期解決に向けて日夜奮闘中。「空き家のヨシミ」と憶えてください。

笑顔相続サロン® 阪神
〒661-0012　兵庫県尼崎市南塚口町２丁目34番14号
電　話　06-6423-4431
メール　info@maruzen-p.co.jp
ＵＲＬ　https://egao-souzoku.net

専門用語を使わない！
相続ワードの伝え方

令和５年12月10日　初版発行

検印省略

日本法令®

〒101-0032
東京都千代田区岩本町１丁目２番19号
https://www.horei.co.jp/

編　者	一　橋　香　織
監修者	木　野　綾　子 小　川　　　実
著　者	笑顔相続サロン®メンバー
発行者	青　木　鉱　太
編集者	岩　倉　春　光
印刷所	東光整版印刷
製本所	国　　宝　　社

（営　業）TEL　03-6858-6967　　Eメール　syuppan@horei.co.jp
（通　販）TEL　03-6858-6966　　Eメール　book.order@horei.co.jp
（編　集）FAX　03-6858-6957　　Eメール　tankoubon@horei.co.jp

（オンラインショップ）https://www.horei.co.jp/iec/
（お詫びと訂正）https://www.horei.co.jp/book/owabi.shtml
（書籍の追加情報）https://www.horei.co.jp/book/osirasebook.shtml

※万一、本書の内容に誤記等が判明した場合には、上記「お詫びと訂正」に最新情報を掲載しております。ホームページに掲載されていない内容につきましては、FAXまたはEメールで編集までお問合せください。

ISBN 978-4-539-73011-9